MARCO ⊕ POLO

Indien

Reisen mit Insider Tipps

W0053435

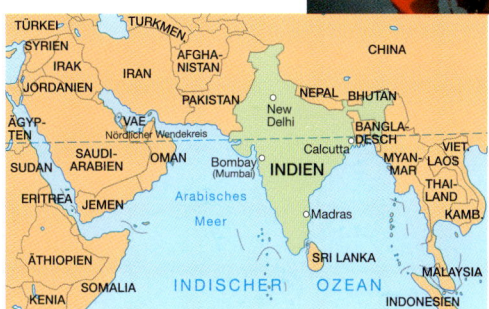

Diesen Reiseführer schrieben Edda, Michael
und Gabriel Neumann-Adrian, die seit
vielen Jahren immer wieder durch Indien
reisen und mehrere Bücher über Indien
verfasst haben.

www.marcopolo.de

Infos zu den beliebtesten Reisezielen
im Internet, siehe auch Seite 152

SYMBOLE

 MARCO POLO INSIDER-TIPPS:
Von unseren Autoren für Sie entdeckt

⭐ **MARCO POLO HIGHLIGHTS:**
Alles, was Sie in Indien kennen sollten

 **HIER HABEN SIE EINE SCHÖNE AUSSICHT**

🏃 **WO SIE JUNGE LEUTE TREFFEN**

PREISKATEGORIEN

Hotels	
€€€	**über 100 Euro**
€€	**50–100 Euro**
€	**unter 50 Euro**

Preise für zwei Personen im Doppelzimmer, meist ohne Frühstück. AC bedeutet Klimaanlage.

Restaurants	
€€€	**über 20 Euro**
€€	**5–20 Euro**
€	**unter 5 Euro**

Preise für eine Mahlzeit aus drei bis vier Gerichten pro Person ohne alkoholisches Getränk.

KARTEN

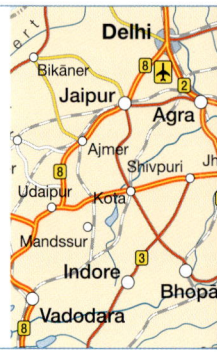

[162 A1] Seitenzahlen und Koordinaten für den Reiseatlas Indien

Karten zu Mumbai (Bombay) und Delhi finden Sie im hinteren Umschlag, zu Agra auf S. 30, Varanasi auf S. 56, Jaipur auf S. 67, Calcutta auf S. 97, Madras auf S. 123 und Mysore auf S. 130.

Zu Ihrer Orientierung sind auch die Orte mit Koordinaten versehen, die nicht im Reiseatlas eingetragen sind.

GUT ZU WISSEN

INHALT

Die wichtigsten
MARCO POLO Highlights

Sehenswürdigkeiten, Orte und Erlebnisse, die Sie nicht verpassen sollten

 Ayurveda
Die traditionelle Heilkunst Indiens wird in vielen Hotels und Kliniken angeboten (Seite 13)

 Holi
Ein im wahrsten Sinne farbensprühendes Freudenfest zum Frühlingsanfang – und jeder macht mit (Seite 26)

 Taj Mahal
Der Mogulkaiser Shah Jahan schuf für seine Frau ein Mausoleum in Agra – eines der berühmtesten Bauwerke der Welt (Seite 32)

 Goldener Tempel
Kostbares Heiligtum der Sikh-Gläubigen in Amritsar – zu bewundern nicht nur bei Tag, sondern auch im Sternenlicht (Seite 34)

 Rotes Fort (Lal Qila)
Vom Prunk der Mogulkaiser in Delhi blieb ein Traum vom Orient – voller Seide und Edelsteine (Seite 40)

 Khajuraho
Sinnlich-erotische Bilderwelt in den Tempeln der alten Königsstadt (Seite 45)

 Palast von Amber
Indienromantik pur, zwischen bergiger Wildnis und Spiegelhallen: erreichbar auf dem Elefantenrücken (Seite 69)

Goldener Tempel von Amritsar

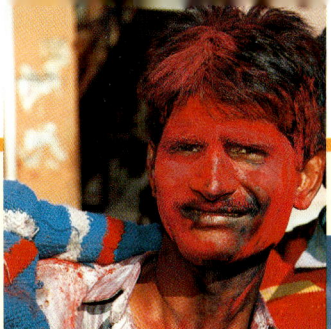

Holi: Farbenfrohes Freudenfest

 Havelis
In Jaisalmer mitten in der Wüste Thar sind die Fassaden aus Stein geschnitzt – kunstvoll wie in Tausendundeiner Nacht (Seite 70)

 Ellora
Der fast 30 m hohe Kailash-Tempel wurde im 8. Jh. aus dem Felsen gemeißelt wie eine Skulptur – ein Triumph der Planung und Steinmetzkunst (Seite 79)

 Taj Mahal Hotel
Schon mehr als 100 Jahre lang zählt dieses Luxushotel in Bombay zur Weltklasse (Seite 85)

 Golconda Fort
Mit königlichen Bädern, Harems und hängenden Gärten erinnert das Fort an den Reichtum der muslimischen Nizams von Hyderabad (Seite 88)

 Indian Museum
Zu den kostbarsten Schätzen des Museums in Calcutta zählen die buddhistischen Skulpturen (Seite 100)

Backwaters in Kerala

 Sonnentempel von Konarak
Ein Tempel wie ein riesiger Wagen mit reich geschmückten Rädern (Seite 104)

 Backwaters
Palmengesäumte Flüsse und Kanäle in Kerala, die sich im Hausboot erkunden lassen (Seite 112)

 Arjunas Buße
Monumentales Felsrelief über dem Strand von Mahabalipuram (Seite 127)

 Die Highlights sind in der Karte auf dem hinteren Umschlag eingetragen

Entdecken Sie Indien!

Der Subkontinent überrascht, bezaubert – und seine Vielfalt ist heute leichter zu entdecken

Bis vor kurzem wurde Indien noch als größtes Armenhaus der Erde eingeschätzt, als ein Land mit Maharajapalästen und Palmenstränden, doch industriell rückständig, übervölkert, von Religionskonflikten und anderen Katastrophen erschüttert. Die Realität sieht längst anders aus. Indien ist im Aufbruch. Deutsch-indische Joint Ventures erreichen zweistellige Zuwachsraten, private indische Fluggesellschaften zählen zu den weltweit erfolgreichsten, indische Pharmafirmen übernehmen deutsche Konkurrenten, die indische Stahlindustrie boomt. Im Softwarebereich der IT-Industrie drängt eine ganze Generation junger indischer Computerexperten auf die attraktivsten Positionen.

Auch als Indienreisender spürt man den Wandel. Wer vor zehn oder fünf Jahren in Indien war, nimmt den Sprung nach vorn am deutlichsten wahr: an den besseren Straßen, den ersten Autobahnen, an neuen internationalen Flughäfen, exklusiven Hotels, hochkomfortablen Resorts und familiär ge-

Elefanten im Periyar-Nationalpark

führten Homestays. Außer dem Urlaub an Palmenstränden und den Exkursionen im Kamelsattel finden auch andere Angebote großes Interesse: Ayurvedakuren, Trekkingtouren und Gleitschirmfliegen im Himalaya, Hausbootferien auf den Backwaters von Südindien oder Wildwasserfahrten im Gebirge, Reiterferien in Rajasthan oder Rundfahrten im historischen Luxuszug. Abenteuerlustige finden auf den Lakkadiven-Inseln mit ihren Korallenriffs oder auf den Andamanen ihr Traumdomizil. Unverwechselbar indisch sind Meditations- und Yogakurse in einem Ashram. Indien zählt mittlerweile zu den fünf bis zehn attraktivsten Reisezielen weltweit. Die indische Tourismusindustrie hat einen neuen Trend ausgerufen: Urlaub auf dem Land. Immerhin gibt es mehr als 500 000 Dörfer

Farbenfroh gekleidete Gläubige finden sich zum Mahashivaratri Fair, zu Ehren Shivas, in Khajuraho ein

Geschichtstabelle

Um 2800 v. Chr. Harappa-Kultur im Industal. Schrift, künstliche Bewässerung

Um 1400 v. Chr. Arische Einwanderung aus afghanischem und persischem Gebiet. In der Folge Entstehung des Hinduismus

Um 500 v. Chr. Buddhismus und Jainismus, wenden sich gegen Kasten-Gesellschaft

327–325 v. Chr. Heereszug Alexanders des Großen bis zum Indus nach Sieg über Persien

Um 270–236 v. Chr. Kaiser Ashoka dehnt das erste indische Großreich (Maurya) nach Süden aus, fördert den Buddhismus

4.–8. Jh. Gupta-Dynastie. Neue Blüte indischer Kultur

1192–93 Muslime erobern Delhi (muslimische Angriffe, Beutezüge seit etwa 1000)

1398 Der Mongole Timur Lenk erobert Delhi und Nordindien

1498 Vasco da Gama erreicht Indien, Beginn europäischer Kolonialherrschaft in Südindien

1526 Babur gründet das Reich der Großmogul

1555–1605 Großmogul Akbar beherrscht fast ganz Indien, strebt Religionsfrieden an

1698 Gründung Calcuttas, die British East India Company beginnt Indien als Kolonialreich zu vereinnahmen

1857–58 Blutig niedergeschlagener indischer Aufstand gegen die Briten (Mutiny), die britische Krone übernimmt offiziell die Herrschaft von der East India Company

1877 Queen Victoria ernennt sich zur Kaiserin von Indien

1911 Hauptstadt des Kolonialreichs Indien von Calcutta nach New Delhi verlegt

1920 Mahatma Gandhi ruft zum gewaltlosen Widerstand gegen die Briten auf

1947 Unabhängigkeit, Teilung in den Staat Indien und das muslimische Pakistan. Flüchtlingselend und Massaker

1962/65–1966 Krieg mit China und, wegen Kaschmir, mit Pakistan

1984 Indische Truppen stürmen den von Sikh-Separatisten besetzten Goldenen Tempel von Amritsar, danach wird die Ministerpräsidentin Indira Gandhi von Sikh-Leibwächtern ermordet

2005 Mehr als vier Millionen Ankünfte ausländischer Besucher werden auf Indiens Flughäfen gezählt. Zuwachsrate: 24 Prozent.

Wo der Ganges entspringt: der dreifache Gipfel des Bhagirathi

in Indien. Mittlerweile werden sogar Gütesiegel für *small luxury*-Hotels vergeben.

Auch die Inder reisen verstärkt im eigenen Land. Die Armut in vielen ländlichen Regionen ist immer noch erschreckend, aber die Mittelschicht wächst. Unter den 27 indischen Bundesstaaten gibt es laut Statistik zwar einige, deren Bewohner zu 90 Prozent über der Armutsgrenze leben, doch in anderen Staaten sind noch über 30 Prozent der Bevölkerung arm – so im zentralindischen Madhya Pradesh, im nordindischen Uttar Pradesh, im Himalayastaat Sikkim und in einigen Staaten im Nordosten. In Bihar haben Misswirtschaft und korrupte Regierungen den Anteil der Armen gar auf über 40 Prozent steigen lassen. Auch wenn die Armut nicht immer offensichtlich ist, unübersehbar sind dagegen die neuen Kaufpaläste

> *Ayurvedakuren, Reiterferien und auf Tigersafari*

der Juweliere, zum Beispiel im südindischen Kerala. Indien gilt als das Land mit dem größten privaten Goldbesitz.

Globetrotter brauchen nicht zu fürchten, dass über alldem das alte, abenteuerbunte Indien verschwunden ist. Das bäuerliche oder ganz im Naturzustand belassene Hinterland zwischen Arabischem Meer und Indischem Ozean, zwischen Himalaya und Cape Comorin an der Südspitze ist immer noch riesig – mit seinen Dschungeln und Steppen, Wüsten und Schneegebirgen. Das Indien der Tiger-, Elefanten- und Leopardenpirsch (mit der Kamera, versteht sich) überdauert ebenso wie das Indien der prächtigen Felsheiligtümer, mittelalterlichen Forts und Maharajapaläste, Hindu-Tempel und Mogulmoscheen.

Das wichtigste Datum für Indiens wirtschaftlichen Aufschwung

Sadhu, ein Hindu-Pilger ohne Besitz

Kirchen kann jeder erkennen, dass keineswegs alle Inder Hindu-Gläubige sind. Hinduismus, Jainimus und Sikhismus sind auf indischem Boden entstanden, ebenso der Buddhismus, der in Indien hauptsächlich in Sikkim und Ladakh seine Anhänger hat. Durch kriegerische Eroberung breitete sich schon vor bald tausend Jahren der Islam aus und mit ihm die mittelöstliche Formensprache in Architektur und Ornamentik, die im kaiserlichen Grabmal des Taj Mahal ihren Höhepunkt erreichte. So genannte Thomas-Christen leben seit dem 1. Jh. in Indien. Unter der Kolonialherrschaft der Portugiesen, Holländer, Franzosen und Briten versammelten sich immer mehr christliche Gläubige in den Kirchen.

Und dann die Größe des Landes! Seine Ausdehnung vom Himalaya im Norden zur südlichen Landspitze misst 3200 km, die vom Westen nach Osten über 3000 km. Das bedeutet keineswegs Menschenleere: In Indien kommen auf den Quadratkilometer im Durchschnitt mehr Menschen (283) als im dicht besiedelten Deutschland (227). Will man Bekanntschaft mit diesem riesengroßen Land machen, sollte man sich Zeit lassen.

bleibt der 21. Juni 1991. Der Kurs heißt seither Marktwirtschaft und privates Unternehmertum, Abbau von Bürokratiebarrieren und Öffnung für Investoren aus aller Welt. Ein ganzer Subkontinent existiert seit bald 60 Jahren in politischer Einheit, obwohl seine Einwohner – ihre Zahl hat die Milliarde im August 2000 überschritten – 18 staatlich anerkannte Sprachen sprechen und dazu noch Hunderte anderer Sprachen und Dialekte.

Im Bharat Indien, der 1947 eilig geschaffenen Republik Indien, leben Menschen von ganz unterschiedlicher Herkunft und Hautfarbe. An Tempeln, Moscheen und

»Riesiges Land mit vielen Sprachen und Religionen«

Viele Probleme werden verständlich, Lösungen oder Auswege scheinen zwar nicht vollkommen, doch oft praktisch und voll richtiger Ansätze. Und der so andere Lebensstandard vieler Inder? Unzureichende Wohnungen, mangelnde Hygiene, Straßenbettelei – sie schockieren immer wieder Besucher, schrecken gar viele von einer Reise ab. Rasantes Bevölkerungswachstum und Landflucht in die Ballungsgebiete erschweren staatliche Reformen. Existenzbedrohendes Elend entsteht in den Städten unter den Kranken und Behinderten, bei den vielen Analphabeten und anderen ausgebeuteten Hilflosen. Doch die überwiegende Zahl der Inder lebt zwar sehr einfach, hat aber ein bescheidenes Auskommen, sozialen Rückhalt und den festen Willen zum Aufstieg.

> *Farbenglanz, Paläste und Tempelpracht*

Starke Hoffnungen richten sich auf die Frauen. Millionen von gut ausgebildeten Frauen üben einen qualifizierten Beruf aus. Frauen auf dem Land schaffen sich und ihrer Familie mit kleinen Krediten eine Existenz. Zwischen den nördlichen und südlichen Gebieten gibt es ein deutliches wirtschaftliches Gefälle. Die Hauptursache dafür ist die bessere Schulbildung im Süden, vor allem in Kerala, die auch den Mädchen zugute kommt.

Indien hat Fremdherrschaft und große Not ertragen. Ungebrochen ist dennoch der offene, fast überall freundliche Charakter der Völker Indiens, der sich selbst bei denjenigen, die nicht viel besitzen, in selbstverständlich geübter Gastfreundschaft äußert. Man bietet Tee oder eine Frucht an – und will den Gast ansehen, ihm Gutes tun, selbst wenn man ihm nicht sprechen kann. Die Heiterkeit auf indischen Gesichtern ist schon Grund genug für einen Besuch des Landes. Hinzu kommen der Glanz der kräftigen Farben, die Paläste und Ruinen, Tempelpracht und Affenfrechheit, Urwald und Wüste: Indien ist immer das völlig Unerwartete, das gänzlich Andere.

Das Kastensystem

Offiziell sind die Kasten abgeschafft, doch spielen sie immer noch eine wichtige Rolle

In den Städten setzt man sich über alte Trennungsregeln oft hinweg (sonst würde man Ihnen, als einem kastenlosen Europäer, nie die Hand geben). Dabei spielen die in der vedischen Periode festgelegten Kasten *(Varna,* dt. Farbe) – *Brahmanen* (Priester), *Ksatriyas* (Krieger), *Shudras* (Händler), *Vaishiyas* (Bauern) – weniger eine Rolle als die Unterkasten *(Jati,* dt. Geburt), die die Rangfolge der *Varnas* noch weiter untergliedern. Das Kastensystem erzwingt, dass ranghöhere Gruppen von rangniederen getrennt leben: keine Heirat, kein gemeinsames Essen, keine Berührung. Doch das eben nicht mehr überall. Die indische Regierung reserviert Ausbildungs- und Arbeitsplätze für Angehörige niedriger *Jatis (scheduled castes)* und die große Zahl Kastenloser, auch *Dalits* (Unterdrückte) genannt. Zu diesen *Dalits* gehören auch viele *tribals* aus den Stämmen der Ureinwohner.

Ayurveda und heilige Kühe

Die Menschen im Vielvölkerstaat leben nach Regeln, von denen uns viele fremd sind

Alkohol

Alkohol zu bestellen ist in Indien nicht überall selbstverständlich. Als einziger Bundesstaat ist Gujarat sogar völlig »trocken«. Anderswo gibt es noch *dry days,* Tage, an denen Alkohol nicht ausgeschenkt bzw. verkauft werden darf. In den Enklaven Daman und Diu wird trotzdem getrunken, in Hotelzimmern ebenso – dank des Schwarzhandels.

Fast in jedem Bundesstaat ist in den *wine shops* – kargen, meist an verkehrsreichen Ecken gelegenen Läden – Bier und Schnaps, aber so gut wie nie Wein zu haben. An den trockenen Tagen schließen sie. Restaurants benötigen zum Ausschank eine Lizenz. Haben sie diese nicht, dann servieren sie manchmal trotzdem Bier zum Essen – in Kaffeetassen. Einheimische Schnäpse sind der *Toddy* aus Kokospalmherzen und der in Goa beliebte *Feni* aus Cashewnüssen.

Ayurveda und Siddhà

Die wörtliche Übersetzung des aus dem Sanskrit stammenden Wortes ★ Ayurveda bedeutet »Wissenschaft vom Leben und der Langle-

Balsam für Körper und Seele: eine ayurvedische Heilbehandlung

bigkeit«. Das Gleichgewicht von Körper und Seele soll hergestellt werden. Die ayurvedische Medizin hat in ihrer jahrtausendealten Tradition viele Substanzen gefunden, die zu diesem Ziel führen können. Meist werden ätherische Öle und andere pflanzliche Produkte verwendet. Besondere Bedeutung haben Massagen. Voraussetzung einer Behandlung ist gewissenhafte Disziplin des Patienten, Abstinenz von Alkohol und Tabak, Vermeidung von übermäßigen Anstrengungen, Teilnahme an Meditationsübungen und die Einhaltung einer vegetarischen Diät. Die Heilwirkung tritt durch Stärkung der Abwehrkräfte ein. Adressen von Kurkliniken in Indien nennt das Indische Fremdenverkehrsamt in Frankfurt.

Noch um Jahrtausende älter als Ayurveda ist Siddhà, eine Heilkunde aus dem Süden Indiens. In letzter Zeit wird Siddhà auch außerhalb Indiens an Universitäten bekannt. Siddhà-Ärzte behaupten, dass sie im Vergleich zu Ayurveda mindestens zehnmal so viele Kräuter bei ihren Therapien verwenden.

Brahmanen

Sie kamen aus dem Norden, waren hellhäutig und groß und nannten sich Aryas (Edle). Das war um 1500 bis 500 v. Chr. Kein Wunder, dass die Zuwanderer auf die Ureinwohner und die ebenfalls dunkelhäutigen Drawiden faszinierend wirkten. Und deshalb entstanden Mythen. Lange Zeit hielt das Vindhya-Gebirge in Mittelindien den Weiterzug der Aryas nach Süden auf. Dann aber dienten Brahmanen, die Priester der Aryas mit religiösem Geheimwissen, im Tempel von Chidambaram im südlich gelegenen Tamil Nadu, lebten Nambudiri-Brahmanen im südwestlichen Kerala. Brahmanen sind die Hüter der Orthodoxie. Nur Brahmanen sind Priester, aber nicht alle üben ein Priesteramt aus. Man findet sie in vielen anderen gehobenen Berufen und verantwortungsvollen Positionen. Der soziale und persönliche Zwiespalt entsteht dadurch, dass einerseits die Politik die Privilegien der Brahmanen einschränken will, andererseits für die Brahmanen jedoch wegen ihrer strikten Reinheitsgebote (z. B. beim Essen) der uneingeschränkte Kontakt mit der übrigen Bevölkerung ein Problem ist.

Eisenbahnen

Am 16. April 1853 rollte der erste Zug der Great Indian Peninsula Railway von Bombay nach Thana: ganze 32 km. Heute ist Indiens Eisenbahn die zweitgrößte einheitlich verwaltete der Welt und die mit den meisten Fahrgästen. Keineswegs sind alle Fahrten so atemberaubend schön wie die mit der *Darjeeling Himalayan Railway,* wenige so luxuriös wie die im Touristenzug *Palace on Wheels.* Jeden Mittwoch – von September bis April – startet der rollende Palast von New Delhi zur luxuriösen Rundreise durch Rajasthan und zum Taj Mahal. Zwei Restaurants, Schönheitssalon, Satellitentelefon und Butlerservice, nicht zuletzt die breiten Doppelbetten lassen keine Wünsche offen *(www.palaceonwheelsindia.com)* – zu Preisen wie im 5-Sterne-Hotel.

Gewaltlosigkeit

Gandhis Philosophie wurde weltweit zum Vorbild für Befreiungs- und Bürgerrechtsbewegungen

Mahatma Gandhi schrieb: »Ich rechtfertige vollständige Gewaltlosigkeit und halte sie für eine mögliche Form des Verhältnisses zwischen Mensch und Mensch und Nation; aber sie ist kein ‚Resignieren' vor einem wirklichen Kampf gegen das Schlechte … Gewaltlosigkeit ist keine Deckung für Feigheit, sie ist die höchste Tugend der Mutigen … Aber ich glaube, dass die Gewaltlosigkeit der Gewalt unendlich überlegen ist, Verzeihen weit mannhafter als Strafe.« Mit dieser Philosophie besiegte Gandhi die britischen Kolonialherren, die erbittert dreinschlugen und, der Unmenschlichkeit angeklagt, abziehen mussten, weil sie um ihren Ruf als Demokraten fürchteten. Gandhi wurde 1948 mit 79 Jahren von einem hinduistischen Fanatiker erschossen.

Zehn Millionen Inder sind täglich mit Zügen unterwegs

Kaum preiswerter sind auch die beiden neueren Konkurrenzzüge *Royal Train* (durch Rajasthan und Gujarat) und *Deccan Odyssey* (von Bombay durch Maharashtra und Goa).

Seit einigen Jahren nehmen Zahl und Tempo der Fernverbindungen zu. Der *Rajdhani Express* (klimatisiert) verbindet Delhi mit Bombay, Calcutta, Bangalore, Madras und nun auch mit Trivandrum. Die erst 1998 eingeweihte Strecke von Bombay über Goa, *Konkan Railway* genannt, führt durch eine herrliche Landschaft über unzählige Brücken und durch 92 Tunnel an die tropische Südküste. Statt früher zehn bis elf Stunden brauchen die Züge von Bombay nach Goa (600 km) nur noch acht Stunden.

Speisewagen sind selten, aber auf den Bahnhöfen finden sich Restaurants und Hunderte von fliegenden Händlern. Genial ist folgendes Versorgungssystem: Ein Mann steigt in den Zug, nimmt Bestellungen auf; am nächsten Bahnhof steigt er aus, übermittelt die Wünsche zum übernächsten Bahnhof; dort steigen Leute mit den bestellten Gerichten ein, bedienen, sammeln das gebrauchte Geschirr wieder ein, kassieren und steigen am vierten Bahnhof aus.

Familie

Für Inder gleich welcher Religion spielt die Familie eine lebenswichtige Rolle. Die Gemeinschaft soll Männer und Frauen in wirtschaftlichen und seelischen Nöten auffangen. Im günstigen Fall erfüllt sie diese Erwartung. Meist leben noch mehrere Generationen unter einem Dach. Aber junge Leute akzeptieren nicht mehr frag- und widerspruchslos, was für ihre Eltern meist noch selbstverständlich war: die *arranged marriage,* das Lebensbündnis mit einem Partner, einer

Partnerin, die von den Eltern oft schon im Kindesalter ausgesucht wurden. Zumindest warten vorsichtige Eltern die Zustimmung ihrer heranwachsenden Kinder ab.

Wie viele Kinder wird das junge Paar haben? »We two – our two« heißt einer der Slogans, mit denen der Staat für kleine Familien wirbt. Indiens dramatischer Bevölkerungszuwachs – binnen wenig mehr als drei Jahrzehnten wurden aus 500 Mio. Menschen eine Milliarde – konterkariert die wirtschaftlichen Erfolge im Kampf gegen die Armut immer aufs Neue. Der aufstiegsorientierte Mittelstand strebt die Zwei-Kinder-Familie schon an, auch ohne staatliche Werbung. Die ärmeren Leute aber erhoffen sich

Die Lage der Frauen hat sich vor allem im reichen Süden gebessert

Unterstützung durch möglichst viele Söhne – sie haben keine andere Altersversorgung. Da Töchter bei der Verheiratung Kosten verursachen, versucht man, möglichst keine zu haben – grausame Mittel sind die medizinische Selektion vor der Geburt oder die Vernachlässigung weiblicher Säuglinge. Statistisch hat Indien ein Frauendefizit.

Frauen

Das höchste Regierungsamt Indiens wurde von einer Frau ausgeübt. In einem Land, in dem vor 150 Jahren Witwenverbrennung nicht ungewöhnlich war? In einem Land, in dem junge Frauen durch eine Kerosinexplosion in der Küche umgebracht werden, weil die Familie des Mannes sich eine weitere Mitgift durch neue Heirat erhofft? Es gibt noch Benachteiligungen der Frauen, aber sie werden weniger. In den Städten sind immer mehr Frauen ausgebildet, berufstätig und daher selbstbewusster. Der Anteil der Frauen an Hightechberufen ist erstaunlich hoch. Auf dem Land ergreifen die Frauen an vielen Orten neue Möglichkeiten wirtschaftlicher Verbesserung. Selbst bei Konservativen wächst das Bewusstsein, dass die Hindu-Religion *Shakti,* die weibliche Kraft, als mächtig und schöpferisch anerkennt.

Heilige Kühe

Auf dem Grünstreifen der Straße hat sie gegrast, sich mitten auf die Fahrbahn gestellt. Reifen quietschen, Autos fahren waghalsige Kurven, sie trottet weiter auf den Bürgersteig. Sie ist heilig, denn sie ist eine Kuh, aber fast jede Kuh ist auch Privateigentum. Ihre Milch wird als Gottesgabe angenommen,

Indische Kühe gelten zwar als heilig, sind aber trotzdem Arbeitstiere

ebenso das geschmolzene, geklärte Butterfett *ghee,* dem höchste Reinheit zugesprochen wird. Die Kuh ist Symbol des Lebens, der Güte und der Freigiebigkeit. Ihre Fladen sind somit rein und können, von Hand mit Stroh verknetet, an eine Wand zum Trocknen geklebt werden, bevor sie den Herd heizen. Wird die Kuh einem Inder indes allzu lästig, schiebt er sie auch mal beiseite oder ohrfeigt sie.

Sprachen

Wie viel Gutes oder Schlechtes die britische Kolonialherrschaft Indien gebracht hat, das indische Staatsvolk verdankt ihr die wichtigste gemeinsame Amtssprache: Englisch. Weil praktisch jeder gut oder halbwegs ausgebildete Inder sich auf Englisch verständigen kann, ist das Leben auch für Touristen ungleich leichter als in vielen anderen exotischen Reiseländern. Außer der englischen gibt es keine gemeinsame Sprache aller Inder, sondern 18 verschiedene von der Verfassung anerkannte Hauptsprachen und mehr als 1600 andere kleinere Sprachen und Dialekte. Hindi wird vor allem in Uttar Pradesh und in Madhya Pradesh gesprochen und ist die in Indien am meisten verbreitete indo-arische Sprache, neben Bengali, Bihari, Punjabi, Rajasthani. Von vier Indern sprechen etwa drei eine indo-arische Sprache. Die frühe indo-arische Hochsprache Sanskrit, in der die heiligen Texte überliefert sind, wird von einer Brahmanenminderheit noch immer gelehrt.

Einer ganz anderen, nämlich der drawidischen Sprachfamilie, gehören Tamil (in Tamil Nadu gesprochen), Kannada (in Karnataka) und Telugu (in Andhra Pradesh) an. Heftige Opposition flammt im Süden immer wieder gegen die Amtssprache Hindi auf und gegen die Versuche, Hindi statt Englisch zur Nationalsprache zu machen.

Die Entdeckung der Gewürze

Vegetarische Variationen, die Luxusküche der Mogulkaiser, Tandoor und Thali: in jeder Region neue Geschmackserfahrungen

Keine Lust mehr auf die verwestlichte indische Küche der großen Hotels? Trauen Sie sich ruhig in ein gut eingerichtetes Stadtrestaurant! Man wird Ihnen eine englischsprachige Speisekarte, Teller, Messer und Gabel präsentieren. Man erwartet von Ihnen nicht, wie die Einheimischen im Süden mit den Fingern vom Bananenblatt zu essen. Doch wenn Sie wie viele Inder ohne Besteck essen, führen Sie nie Speisen mit der linken, unreinen Hand zum Mund, das gilt als unzivilisiert!

Allerdings sind gute Stadtrestaurants außer in den Metropolen wie Delhi, Kolkata oder Mumbai (Chennai) noch immer rar gesät. Das beste Essen wird in der Regel in den gehobeneren Hotels serviert, deren Restaurants zum Großteil nicht nur Hausgästen offen stehen. Selbst Inder treffen sich mit Freunden gern in Hotelrestaurants – wegen der Qualität der Küche, aber auch den erstaunlich günstigen Preisen.

In ihrer Vielfalt bietet die indische Küche sowohl raffiniert Vegetarisches als auch Fisch- und Fleischgerichte, dazu zahlreiche Süßspeisen. Touristen müssen sich an die Schärfe der Gerichte gewöhnen, zu der Dutzende von Gewürzen beitragen, allen voran Chili. Doch Curry, dieses gelbe Pulver, ist in Indien nur Exportartikel und wird in der Küche nicht verwendet. *Curry* (tamilisch: *kari*) bezeichnet stattdessen eine mit Gemüse und Gewürzen gekochte Sauce, die jeder Koch, jede Hausfrau nach eigenem Rezept zubereitet. Im Süden würzen die *curries* weißen Reis *(steamed rice)*, dort das Hauptnahrungsmittel.

Reis wird auch, auf verschiedene Art mit Gemüse gemischt, mehr in Südindien als im Norden gegessen. Ausnahme: in der so genannten Mogulküche (auch Muglaiküche). Deren Rezepte mit Butter und Mandeln kommen aus Lucknow und Hyderabad. Der volkstümliche und nahrhafte einfache Linsenbrei *dal* wird in verschiedenen Schärfegraden angeboten. Sehr scharf sind die vegetarischen Gerichte Südindiens, zum Glück verstehen die meisten Kellner das *not spicy, not too hot, please* der westlichen Gäste. Was dann serviert wird, ist für

Indische Spezialitäten auf einem Bananenblatt. Reis und Brot gehören fast immer dazu

Indische Spezialitäten

Lassen Sie sich diese Köstlichkeiten gut schmecken!

Speisen

alu matar – Kartoffeln und Erbsen in Soße, dazu Brotfladen

biriyani – Reis mit Gewürzen, Rosinen, Nüssen oder Gemüse, auch mit Fleisch – Mogulküche

chicken tikka – marinierte, gebratene Hühnerfleischstücke in Würzsoße

curry – Gemüse nach Wahl in scharfwürziger Soße

dahi – Joghurt, auch mit Obst- oder Gemüsestücken als *raita*

dal makhani – Linsen in Butter zubereitet, dazu Reis oder Brotfladen

kebab – Schaffleisch oder Lamm in Soße geschmort, dazu Brotfladen oder Reis

kofta – Bälle aus Hackfleisch, dazu Curry, Reis und Chutney (süßscharfes Fruchtmus)

korma – Fleisch in Joghurtsoße mild geschmort

murgh (chicken) masala – Huhn mit Joghurt, Gewürzen und Nüssen

palak panir – Frischkäsewürfel in Spinat, dazu Reis oder Brotfladen

pilau (pullao) – Reis mit Gewürzen und Gemüse, manchmal mit Fleisch

roti – Fladenbrot, entweder aus grobem Mehl *(chapatti)*, aus feinem Weizenmehl *(nan)* oder als Pfannkuchen *(paratha)* gebacken

samosa – frittierte Teigtasche mit Gemüse gefüllt, südindisch

thali – Auf einem Tablett in kleinen Schüsseln angeordnete Speisen: *curry, dal,* Reis, *chapatti, chutney,* Früchte. Meist vegetarisch

Getränke

beer – in Indien gebrautes Bier, leichtes Export, beste Marke: Kingfisher

coffee – südindische Kaffeesorten sind hochwertig und werden mokkastark serviert

fresh pineapple juice – Ananassaft aus im Mixer zerkleinerten frischen Früchten

lassi – Joghurt, verdünnt (verlangen Sie ohne Leitungswasser!), süß oder salzig

lemon soda – Sodawasser (aus original verschlossenen Kronkorkenflaschen) mit Zitronensaft

masala tea (tchai) – mit Gewürzen, Zucker und Milch aufgekochter Tee, sehr erfrischend

Empfindliche oft gerade noch erträglich. Schärfe wird am besten durch Joghurt gemildert (nicht durch Wasser), der naturbelassen mit Gemüsestückchen *(raita)* oder süß zum Essen gereicht wird.

Längst nicht alle Inder sind Vegetarier, also gibt es auch interessante Fleischgerichte. Allerdings kein Schwein, denn das ist für die Muslime untersagt und auch bei den Hindus als unrein verdächtig (in Goa gibt es jedoch Schweinefleisch und -wurst, der portugiesischen Tradition wegen). Absolut unmöglich für den Hindu ist der Verzehr der heiligen Kuh, es bleiben also Lamm und Geflügel für die Speisekarte. Mariniert mit Joghurt, Ingwer und Nelkenpfeffer werden Lamm und Huhn im *tandoor,* an den Innenwänden des Tonofens, gebraten. Der *tandoor* stammt ursprünglich aus Kaschmir, erfreut sich jedoch inzwischen in ganz Indien großer Beliebtheit.

Liebhaber von Fisch und Meerestieren können in Goa, in Kerala und am Golf von Bengalen schwelgen. Beliebt sind in Goa gekochter Fisch in sauer-scharfen Kokosnuss-Saucen oder Krabben mit Gemüse. Aus dem Golf von Bengalen kommen riesige Garnelen *(tiger prawns),* die gegrillt oder mit würziger Sauce gereicht werden.

Erholung von der Schärfe garantieren die Süßspeisen. Ihre duftigen Gewürze sind Rosenwasser, Safran, Zimt, Kardamom – manchmal triefen die Portionen von Sirup oder, wenn sie frittiert werden, von Fett. Süßigkeiten aus eingedickter Milch sind beliebt, doch für uns gewöhnungsbedürftig.

Trinken ist in heißem Klima noch wichtiger als Essen. Inder begnügen sich mit Wasser, das ungefragt an jedem Tisch serviert wird. Doch Vorsicht! Trinken Sie stattdessen unbedingt stilles Mineralwasser, das Sie in Flaschen mit Originalverschluss (!) kaufen. In kleineren Orten ist Mineralwasser oft nicht zu bekommen, weil es für die Einheimischen zu teuer ist. Frisch geöffnete Kokosnüsse enthalten eine gesunde, durststillende, wenn auch manchem fade schmeckende Flüssigkeit. Reichlich im Angebot sind Limonade *(soft drinks),* Soda in Kronenkorkenflaschen und *lassi,* ein Joghurtgetränk mit Gewürzen und Fruchtsäften. Bier ist leicht und wird oft in Flaschen zu 0,7 l verkauft, ist aber nicht in jedem Restaurant zu haben. Beim Brandy und Whisky indischer Herkunft sollten Sie die teureren Sorten wählen, sie sind wesentlich günstiger als aus Europa importierte Marken.

Das indische Getränk ist der Tee. Er ist preiswert, immer hygienisch und einwandfrei, da Teeblätter, Milch und Zucker zusammen aufgekocht werden. Wenn man den Tee nicht süß mag, sagt man *Chini nahin* (kein Zucker) oder *Chini kam.* Kräftig ist der Assam-Tee aus dem Nordosten. Europäer halten meist mehr vom aromatischen Darjeeling, dessen Frühjahrspflückungen, First flush und Second flush, in Europa hoch bezahlt werden – in Indien gibt es sie oft nur in Touristenläden. Kaffee wird oft aus Pulverkaffee gemacht und meist nur in besseren Restaurants angeboten.

Alternativen zu indischen Gerichten gibt es in städtischen Restaurants unter dem Stichwort *Multicuisine:* Hier kann der Gast unter indischen, westlichen und chinesischen Gerichten wählen.

Seide, Teppiche, betörender Schmuck

Entdeckungstour im Basar: Hier einkaufen heißt genießen, kritisch auswählen und feilschen

Es duftet nach Zimt, Nelken und Weihrauch. Kleine Spiegel blitzen, Gold glänzt, bunte Seide schimmert: Die Basare sind eine verführerische Augenweide. Vorbei sind jedoch die Zeiten, in denen Indien ein Billigland für Kauflustige war. Doch viele Preise sind günstig wegen niedriger Löhne.

Auch Feilschen gehört zum Geschäft in den Basaren. Nie gefeilscht wird hingegen in den staatlichen Handelszentren: Die Festpreise dort sind höher, als man sie auf dem Markt erzielen kann. Sehen Sie sich um, etwa in den *Central Cottage Industries* in Bombay und Delhi und in den bundesstaatlichen Emporien am *Baba Kara Singh Marg* in Delhi. Die Preise und die Qualität dort sind eine gute Orientierungshilfe beim Einkauf im Basar

Antiquitäten
Rahmen, Kleinmöbel, Paravents, Miniaturen … – alles, was mehr als 100 Jahre alt ist, darf nur mit besonderer Genehmigung der Regierungsbehörden ausgeführt werden – bürokratisch umständlich.

Umgeben von den schönsten und farbenprächtigsten Seiden: Verkäuferin in New Delhi

Bronzearbeiten
Götterfiguren werden noch heute nach dem Prinzip der verlorenen Form hergestellt: Ein Wachsmodell wird im Lehmmantel erhitzt, statt des ausgeflossenen Wachses wird Bronze hineingegossen, später die Form zerschlagen. Sehr dekorativ.

Keramik
Viel volkstümliche, bäuerliche Keramik ist auf dem Land zu finden. Ein Dorf voller Terrakotta-Werkstätten ist Molela bei Jodhpur. Die Töpfer formen Figuren, vor allem Elefanten und Pferde, bis zu einem Meter Größe und höher, auch eindrucksvolle Relieftafeln mit Szenen aus der indischen Mythologie.

Leder
Oft von Muslimen verarbeitet (unrein für Hindus!), aus Büffel- oder Kamelhaut. Souvenirtip: Beutel.

Metallarbeiten
Kupfer und Messing sind für Gebrauchsgegenstände sehr beliebt. Kunsthandwerk mit Silber-Einlegearbeiten *(Bidri)* kann kostbar sein.

Miniaturmalerei
Die feinen kleinen Bilder auf Seide (auch auf Papier oder sogar Palm-

blättern) entstehen noch heute nach den alten Motiven mit feinem Pinsel gemalt, z. B. in der Altstadt von Udaipur. In den Werkstätten darf man zuschauen.

Papiermaché

Die lackglänzenden Objekte mit buntem Bilddekor sind beliebte Mitbringsel: Dosen, Schreibtischgarnituren, Tabletts.

Sandelholz

Kostbar sind meterhohe Sandelholzskulpturen von Göttern in altem Stil. Aber auch kleine Schnitzereien und Sandelöl werden geschätzt und sind nicht billig.

Schmuck und edle Steine

Die Auswahl an Läden scheint unerschöpflich, sowohl für elegante als für volkstümliche Formen, für die im Lande vorkommenden Halbedelsteine wie für Rubine, Saphire und Diamanten, die teils auch nach Indien importiert werden. Erkundigen Sie sich z. B. in guten Hotels nach vertrauenswürdigen Juwelieren. Jaipur ist das Hauptzentrum.

Seide

Meterweise wickelt der Kaufmann die Seide von den Stoffballen, die an den Wänden des Ladens hoch aufgestapelt sind, ganze Wogen zarter, glänzender, leuchtender Farben füllen den Verkaufsraum. Welche Pracht! Es gibt die Seidenstoffe hauchdünn und als derbere Rohseide (auch zu Dekorationszwecken geeignet). Die mit Gold- und Silberfäden brokatartig gemusterte Seide wird besonders in Varanasi angeboten. Eine weitere Seidenstadt ist Mysore. Außer Seidenstoffen vom Meter werden natürlich Saris gehandelt, mit ihren kunstvollen Endkanten wahre Seidenwunder. In vielen Läden zeigen die Verkäufe-

Feilschen

Gewusst, wie: Auch das Handeln gehört zum Geschäft

Mögen Sie keine aufdringlichen Händler, und fühlen Sie sich unsicher beim Feilschen? Der Kleinhändler, der ganze Straßenzüge neben dem potenziellen Kunden herläuft und sein Sprüchlein ständig wiederholt, will den Touristen nicht ärgern. Man kann die Mischung aus Freundlichkeit und Entschiedenheit lernen, die den guten Mann unwiderruflich informiert, dass man nichts kaufen will, ihn aber nicht durch Barschheit verletzt. Man muss nur wissen, wie viel man am Ende ausgeben will. Man nennt einen Preis unterhalb dieses Niveaus, es folgt eine dramatische Reaktion des Händlers: Das sei sein Ruin etc. Abwechselnd kommen sich Händler und Kunden in kleinen Preisschritten entgegen – bis man sich einig ist, der Händler den Kunden seinen Freund nennt, gemeinsam Tee getrunken wird. Feilschen ist eine humorvolle Angelegenheit, beide Seiten sollen ihren Spaß haben.

Töpferwaren, schlicht oder verziert, warten überall in Indien auf Käufer

rinnen gern, wie die fünfeinhalb Meter langen Bahnen um den Körper drapiert werden, ohne dass sie sich bei der geringsten Bewegung lösen. Aus Baumwoll- und Seidenstoffen kann man sich vielerorts Oberhemden oder Blusen schneidern lassen, am besten bringt man ein Muster mit.

Teppiche

In Indien werden mehr Teppiche handgeknüpft als im Iran. Muster und Knüpfart kamen schon vor Jahrhunderten über Kaschmir ins Land. An einem Seidenteppich knüpft eine Person monatelang, der Preis ist entsprechend hoch. Seidenteppiche sind eher als Wandbehang geeignet, weniger als Bodenbelag. Dazu dienen ebenso kunstvolle Wollteppiche. Ihre Qualität misst man nach der Zahl der Knüpfknoten pro Quadratdezimeter. Teppiche, deren Wolle etwas Seide beigemischt wurde, glänzen gegen das Licht heller als mit dem Licht *(silk touch)*.

Leider werden zum Teppichknüpfen immer noch Kinder beschäftigt, obwohl ihre Zahl wegen der Aufmerksamkeit internationaler Verbände abgenommen hat. Die Teppiche von Smiling Carpet entstehen ohne Kinderarbeit. Bei kleineren Herstellern darf man in die Manufakturen schauen, wenn sie ein reines Gewissen haben. Vor allem in Rajasthan bei Jodhpur werden in den Dörfern feste Baumwoll-Webteppiche produziert. Diese Durries weisen angenehme Farben, abstrahierende Tier- oder geometrischen Muster auf. Sie werden, wie die anderen Teppiche, auch ins Ausland verschickt (als Kunsthandwerk ohne Einfuhrzoll). Sehen Sie sich nach zuverlässigen Händlern um, die den Versand übernehmen, und informieren Sie sich bereits zu Hause – oft ist Importware bei uns billiger als am Herstellungsort.

Feste, Events und mehr

Wenn Sie sich in der Menge wohl fühlen, feiern Sie bei einem der großen indischen Feste mit

Die Termine für Indiens volkstüm-liche Feste wechseln von Jahr zu Jahr, zudem finden sie oft in mehreren Orten an verschiedenen Tagen

Beim Erntedankfest Pongal

statt. Genaue Daten, die oft erst kurz vorher feststehen, gibt das Indische Fremdenverkehrsamt *(www.indiatourism* oder *www.incredibleindia.org).* Fast alle Feste haben einen religiösen Hintergrund. Sie werden bunt, lustig und laut mit Feuerwerk und geschmückten Elefanten gefeiert. Nur wenige, darunter die Feiertage *Republic Day*

(26.1.), Independence Day (15.8) und der Geburtstag Mahatma Gandhis *(2.10, Gandhi Jayanti),* haben ein festes Datum.

Feiertage und Feste

Januar
Pongal (Makar Sankranti) – Das Erntefest wird in ganz Indien, vor allem in Tamil Nadu, Karnataka und Andra Pradesh, drei Tage lang gefeiert. Frisch geernteter Reis wird mit Zucker, Milch und *dal* aufge-kocht. Auch das geschmückte Vieh darf kosten.

Februar/März
Desert Fair Festival, Jaisalmer – Drei-tägiges Wüstenfest (2007: 21. bis 2. Feb., 2008: 19.–21. Feb.) mit Kamelpolo, Akrobaten und Schwert-tanz.
Vasant Panchami – Das Frühlingsfest wird mit Gesang und Tanz vor allem in Ostindien gefeiert.
Shivrati – Zur Erinnerung an Shivas kosmischen Tanz, mit nächtelanger Musik und Gesängen, prächtig in Mumbai und Khajuraho.
★ *Holi* – Indiens buntestes Fest: Zur Frühlingsfeier bespritzt man einander freundschaftlich mit gefärbtem Wasser (vor allem in Nordindien).

Juli/August

Teej – In Rajasthan werden Schaukeln an den Bäumen befestigt, auf denen sich junge Frauen schwingen. Das soll den Monsun anlocken. Auch Elefantenprozessionen.

August/September

Onam – Farbenprächtiges Kerala-Fest mit Schlangenbootrennen, Elefantenprozessionen und Tanz.

Insider Tipp *Ganesh Chaturthi* – Gefeiert wird in ganz Indien, besonders aber in Maharashtra, mit Feuerwerk und Ganesh-Lehmstatuen, die in einem Gewässer versenkt werden.

September/Oktober

★ *Dussehra/Durga Puja* – Zur Erinnerung an Lord Ramas Sieg über den Dämonenkönig. Knallbunte Götter- und Dämonenstatuen aus Pappmaché werden am Ende des neun- oder zehntägigen Festes verbrannt oder im Wasser versenkt (ein Reinigungsritual). Vor allem in Bengalen wird die mächtige Durga in vielen Gestalten als Siegesgöttin verehrt.

Nanak Jayanti – Die Sikhs feiern den Geburtstag ihre ersten Gurus Nanak mit Umzügen und der Darbietung ihres heiligen Buches Granth Sahib sowie vielstündigen Rezitationen.

Oktober/November

Muharram – Vor allem in Hyderabad und Lucknow gedenken die Schiiten mit Umzügen des gewaltsamen Todes Hussains, des Enkels Mohammeds. Gezeigt werden geschmückte Nachbildungen seines Grabmals.

November/Dezember

Deepawali (Divali) – Munteres, mehrtägiges Familien- und Lichterfest zu Ehren Ramas, der aus dem Exil heimkehrte, außerdem Hindu-Neujahr. Süßigkeiten und Geschenke werden ausgetauscht. Brüder bekommen von ihren Schwestern ein *tikka* (Zeichen der Verehrung) auf die Stirn.

Pushkar Fair – Bunter, riesiger Kamel- und Rindermarkt in Pushkar/Rajasthan, dramatische Kamelrennen.

Id-ul-Fitr – Für Muslime das Freudenfest zum Ende des Fastenmonats Ramadan.

Nanak Jayanti – Für Sikhs: Geburtsfest des Gründers der Sikh-Religion Guru Nanak.

Christmas – Weihnachtsbäume vielerorts, vor allem in Mumbai, Goa, Tamil Nadu und Kerala. 25. Dez.

Onam: Schlangenbootrennen

Götterberge, Scheiterhaufen und Paläste

Hindu-Kaiser und Großmoguln, Religionsstifter und Pilger haben diese Region geprägt

Wie eine gigantische Schale liegt die fruchtbare Landschaft Nordindiens zwischen den lichten Dschungeln des indischen Herzlandes Madhya Pradesh und den höchsten Gipfeln der Erde. Aus dem Himalaya strömt Indiens heiliger Fluss, der Ganges, der als Strom der Götter angesehen wird, aber mangels Tiefe nicht als Wasserstraße nutzbar ist. Die schneereichen Winter von Srinagar und Leh in Kaschmir, die üppigen Ernten im grünen Punjab, die in Delhi schon Ende April und Anfang Mai lähmende Hitze – diese Stichworte machen die Kontraste im Norden Indiens deutlich.

Orchidee: zu bewundern in Sikkim

Das Taj Mahal in Agra bewahrt den Glanz einer vergangenen Welt. Delhi ist Zeuge mächtiger Dynastien wie drückender Kolonialherrschaft und heute die Hauptstadt der größten Demokratie der Welt. Varanasi, heilige Stadt am heiligen Fluss Ganges, macht als Stätte des Lebens und Todes am Strom Eigenart und Gedankenfülle des Hinduismus anschaulich, ist seit Jahrtausenden das Pilgerziel aller Hindus. Die honiggelben Tempelskulpturen der Tänzerinnen und Liebenden von Khajuraho sind kostbarste Zeugnisse einer tabufreien Erotik früher Hindu-Herrscher. Schönste buddhistische Kunstwerke wurden in Sanchi, Sarnath und Bodhgaya geschaffen. Religiöser Mittelpunkt der Sikhs und märchenhafte Erscheinung über heiligem Wasser ist der Goldene Tempel in Amritsar.

Gläubige an den Ghats von Varanasi

AGRA

[166 A2] Die 220 km von Delhi nach Agra (ca. 1,4 Mio. Ew.) und zurück lassen sich mit Schnellbahn, Flugzeug oder Bus sogar an einem

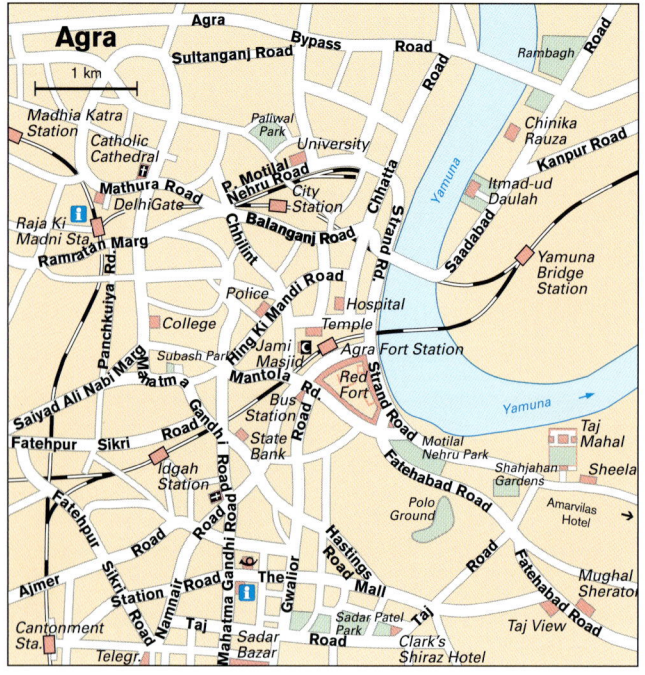

Agra

1 km

Madhia Katra Station
Catholic Cathedral
Mathura Road
DelhiGate
Raja Ki Madni Sta.
Ramratan Marg
Panchkuiya Rd
Saiyad Ali Nabi Marg
Mahatma
Fatehpur Sikri
Fatehpur Sikri Road
Idgah Station
Gandhi Road
Ajmer
Station Road
Cantonment Sta.
Telegr.
Namnair Road
Mahatma Gandhi Road
Taj
Sadar Bazar
The
Gwalior
Hastings Road
Mall
Sadar Patel Park
Road
Agra Sultanganj Road
Agra Bypass
Road
Road
Paliwal Park
University
P. Motilal Nehru Road
City Station
Balanganj Road
Chhatta
Hing Ki Mandi Road
Chhilint
Police
College
Subash Park
Jami Masjid
Mantola
Bus Station
State Bank
Rambagh
Road
Chinika Rauza
Kanpur Road
Itmad-ud Daulah
Saadabad
Yamuna
Strand Rd
Hospital
Temple
Agra Fort Station
Red Fort
Strand Road
Road
Motilal Nehru Park
Fatehabad Road
Polo Ground
Road
Yamuna Bridge Station
Yamuna
Taj Mahal
Shahjahan Gardens
Sheela
Amarvilas Hotel
Fatehabad Road
Mughal Sherato
Taj View Road
Clark's Shiraz Hotel

Tag bewältigen. Allerdings erschließt sich die Schönheit des Taj Mahal am besten im wechselnden Licht eines ganzen Tages. Agras Verkehrsgedränge kostet den Besucher noch mehr Zeit als in anderen Großstädten. Soll man der Versuchung folgen, auf andere Sehenswürdigkeiten zu verzichten, und sich ganz auf das Taj Mahal konzentrieren?

Östlich vom Stadtkern, wo am Yamuna-Ufer die berühmte Kuppel mit den vier Minaretten aufragt, grünen noch Gärten und Buschwald. In der Nachbarschaft liegen auch die meisten Hotels.

Agra wurde zwar schon 1131 von den Muslimen erobert, erhielt aber erst geschichtliche Bedeutung, als der Lodi-Herrscher Sikander um 1500 südlich der Stadt die Residenz Sikandra gründete. Hier steht der prächtige Grabbau Akbars, dem Agra 1566 die Erhebung in den Hauptstadtrang verdankte. Doch nach 1638 verlegte Shah Jahan das Machtzentrum des Mogulreichs zurück nach Delhi. Mit dem Taj Mahal und dem Roten Fort hinterließ er in Agra kostbare Baudenkmäler.

Ohne den Status einer Hauptstadt verlor Agra, das im 18. Jh. geplündert und 1803 von den Briten erobert wurde, seine politische Bedeutung. Heute ist die Stadt überaus lebendig und geschäftig. Man kauft in den vielen Läden nicht unbedingt billig, doch insbesondere die Edelsteinauswahl (Einlegearbeiten!) ist verlockend.

SEHENSWERTES

Chinika Rauza

Der persische Minister Shah Jahans, Afzal Khan, ist hier, am Ostufer des Yamuna, begraben, nachdem er das Grabmal bereits Jahre vor seinem Tod (1639) hatte erbauen lassen. Der Bau, in persischem Stil mit glasierten Kacheln *(chini)* verziert, lässt die einstige grazile Schönheit noch ahnen. Man darf zur Kuppel hinaufsteigen. *Tgl. von Sonnenaufgang bis Sonnenuntergang*

 Itmad-ud-Daulah

Etwa 1 km südlich vom Chinika Rauza befindet sich am Fluss das Mausoleum des Persers Mirza Ghiyas Beg und seiner Frau. Der Wesir und Schwiegervater Kaiser Jahangirs bleibt über Jahrhunderte in Erinnerung, weil sein Grabbau als Miniatur-Vorläufer des wenige Jahre später errichteten, weltberühmten Taj Mahal gilt. Sehr schöne Edelstein-Einlegearbeiten!

Jami Masjid

1648 stiftete eine Tochter Shah Jahans die Moschee nordwestlich des Roten Forts, deren letztes Minarett 1980 zusammenbrach. Schöne geometrische Marmordekors zieren die Kuppeln, im Gartenareal trifft man auf Büffel und Affen.

MARCO POLO Highlights
»Delhi und der Norden«

★ **Taj Mahal**
Das grandiose Grabmal der Kaiserin Mumtaz-i-Mahal in Agra (Seite 32)

★ **Ananda Hotel**
Hoch überm Ganges: Heritage-Hotel vom Allerfeinsten (Seite 52)

★ **Khajuraho**
Erotische Tempelskulpturen, die der muslimischen Zerstörung entgingen (Seite 45)

★ **Stupa**
Steinerne Halbkugel in Sanchi, umschlossen von den Reliefs, die Buddhas Leben erzählen (Seite 53)

★ **Rotes Fort (Lal Qila)**
Die Burg der Mogulkaiser in Delhi (Seite 40)

★ **Goldener Tempel**
Amritsar im Punjab bewahrt das schönste Heiligtum der Sikhs (Seite 34)

★ **Capital Complex**
Funktionale Regierungsgebäude des französischen Architekten Le Corbusier in Chandigarh (Seite 36)

★ **National Museum**
Für Kunstfreunde ein Muss in Delhi (Seite 41)

★ **Fatehpur Sikri**
Kaiser Akbars Siegesstadt (Seite 34)

★ **Bara Imambara**
Riesiges Grabmal in Lucknow, erbaut für einen muslimischen Heiligen (Seite 49)

Unüberwindbar: das fast 450 Jahre alte Rote Fort von Mogulkaiser Akbar

Red Fort

⚜️ Feste Mauern und Türme aus rotem Sandstein: In dieser Palast-stadt befand sich drei Kaiser-Generationen lang der Regierungssitz, bis um 1640 in Delhi gleichfalls ein Rotes Fort gebaut und die Hauptstadt wieder dorthin verlegt wurde. Leider ist der Verfall an vielen Stellen zu sehen, Restaurierungen sind wegen hoher Kosten langwierig. Vom Südeingang aus sieht man links den *Palast Akbars* (offiziell *Jahangiri Mahal* genannt), nördlich anschließend hinter den Gartenanlagen die *Goldenen Pavillons* (das Gold ist leider abgeblättert). Nach dem Muster geschwungener Bambusdächer wurden die Pavillons aus Stein gebaut. In ihrer Mitte steht das *Khas Mahal*, Vorbild für den berühmten *Diwan-i-Khas* in Delhis Fort. Ein achteckiger Turm mit offenem Pavillon, die Halle der Privataudienzen (mit Thronsitzen auf einer Terrasse davor) und das *Sheesh-Mahal* (Spiegelpalast) folgen nördlich. Die *Moti Masjid* (Perlenmoschee) mit ihren eleganten drei Kuppeln ist wieder zugänglich.

Der Blick von den Palästen des Red Fort zum Taj Mahal ist romantisch besetzt wie kaum ein anderer Indiens, soll doch hier der von seinem Sohn Aurangzeb inhaftierte Shah Jahan zum Grabmal seiner Ehefrau geschaut haben. *Tgl. 7–18 Uhr*

Taj Mahal

★ Auch wenn man schon viele Abbildungen gesehen hat: Märchenhaft, wie aus einem Traum erscheint das Taj Mahal, wenn man sich Indiens berühmtestem Bau nähert. Hinter den lang gestreckten Wasserbecken des Gartens – sie symbolisieren die vier Paradiesströme – scheint das marmorweiße Mausoleum zwischen den flankierenden roten Kuben schwerelos über seinem Podest zu schweben.

Man hat den Traum vermessen: Die Terrasse über dem Yamuna-Fluss ist 100 mal 100 m groß, der Grabbau 56 m hoch und ebenso breit, darüber steigt die zwiebelförmige Kuppel bis zu 74 m auf.

Shah Jahan ließ das Grabmal für seine Frau Mumtaz-i-Mahal um 1632/50 in – so sagt die zeitgenössische Überlieferung – 22 Jahren Bauzeit errichten. Mumtaz-i-Mahal hatte ihren Mann auf einem Feldzug begleitet und war im Heerlager an der Entbindung von ihrem 14. Kind gestorben. Die Sarkophage von Mutter und Kind stehen im Untergeschoss. Fremdenführer helfen mit Taschenlampen, die unzähligen Edelsteineinlagen (Pietra dura) zu erkennen. Meist sind es sehr zierliche, zugleich klare Blumendarstellungen aus Lapislazuli, Karneol u. a. Die Prunksarkophage oben in der riesigen Kuppelhalle sind jedoch leer.

Je nach Sonnenstand wirkt das Taj Mahal anders – glücklich, wer Zeit hat, es mehrmals zu besuchen. Um den Marmor vor Abgasen zu schützen, sind Autoverkehr und Industrie in ca. 2 km Umkreis verboten, man benutzt Pferdekutschen und Elektromobile. *Eintritt: 750 Rupien (ca. 15 Dollar), Sa–Do 6–19 Uhr und zu Vollmond, auch jeweils zwei Nächte zuvor und danach (Sa bis Do halbstündig)*

ESSEN & TRINKEN

Dasaprakash Restaurant
Das Restaurant wird von Einheimischen geschätzt wegen seiner vorzüglichen südindischen Küche. *Gwalior Road, Meher Cinema Complex (nahe dem Agra Ashok Hotel),* €€

Sonam
Man speist Gerichte der Mogulküche vor einer wandfüllenden Bildtapete mit grünem Wald. Auch Gartenplätze unter Zeltdächern. *51, Taj Road, Tel. 0562/222 61 75,* €€

EINKAUFEN

Jewel House Kohinoor
Schmuck und Edelsteine. *41, MG Road*

Uttar Pradesh Handlooms and Handicrafts
Hier werden Edelstein-Einlegearbeiten direkt vor Ort hergestellt. Außerdem Textilien. *Sanjay Palace, Hari Parbat*

ÜBERNACHTEN

Amarvilas (Oberoi)

Insider Tipp

🌼 Modernes Luxushotel, ausgestattet mit lauter Spitzenprodukten indischen Kunsthandwerks, in grandioser Lage – Ausblick aufs Taj Mahal. Elegante Wellnessabteilung. *112 Zi., Taj East Gate Road, Tel. 0562/223 15 15, Fax 233 15 16, www.oberoi.amarvilas.com,* €€€

Sheela
Einfaches Bungalowhotel, sehr nahe am Taj Mahal. Gepflegt, ruhig, mit Garten. Reservieren! *25 Zi. (keine Schränke, aber Schließfächer), Eastern Gate, Tel. 0562/233 11 94, www.hotelsheelaagra.com,* €

AUSKUNFT

Government of India Tourist Office
191, The Mall, Tel. 0562/ 222 63 78, Fax 222 63 68, goito agr@sancharnet.in

Bharatpur [166 A2]

Auf zur Vogel- und Wildpirsch (mit der Kamera) in den Keoladeo-Gha-na National Park, den der Maharaja von Bharat im 19. Jh. selbst geschaffen hat. Kraniche, Störche, Adler und Hirsche, Antilopen, Hyänen, Wildkatzen. *Ca. 50 km westlich*

Fatehpur Sikri [166 A2]

★ Kaiser Akbar hat die »Siegesstadt« 1569 als neue Residenz bauen lassen, nachdem die Weissagung des Sufiheiligen Salim Chisti, Akbar würde einen Sohn haben, sich erfüllte. Höhepunkte der Besichtigung sind das *Buland Darwaza* (Siegestor), die *Große Moschee* und dort die Grabhalle des Shaikh Salim Chisti, mit hinreißend schönen Wänden aus durchbrochenem Marmor, sowie mehrere Paläste und Pavillons. Nach Akbars Tod vermutlich wegen Wassermangels bald verlassen, ist Fatehpur Sikri heute ein großartiges Architekturdenkmal. *36 km westlich*

Sikandra [166 A1]

Mausoleum Akbars des Großen: feierliche Mogul-Architektur in großzügigem Parkgelände, die Untergeschosse aus rotem Stein, Obergeschoss in harmonischer Marmorarbeit. Achtung: freche Affen! *Etwa 10 km nordwestlich*

AMRITSAR

[162 C3] Amritsar (800 000 Ew.) ist relativ wohlhabend wegen seiner fruchtbaren Äcker und Gärten, seines Reichtums an Früchten, Wolle und Gewürzen. Amritsar ist außerdem die heilige Stadt der Sikhs, deren Religion traditionell – aus dem Zwang zur Selbstbehauptung – kämpferisch ist. Sikhs stellen im Punjab die Mehrheit der Bevölkerung, sind engagiert und begabt für Organisation und Ordnung. Mit diesen Eigenschaften machten sie den Punjab zu einem reichen Land. Dass Frömmigkeit hier Lebensgenuss und Liebe zur Schönheit nicht ausschließt, sieht man den Straßen und Häusern, den Tempeln, Moscheen, Parks und Gärten der Stadt heute wieder an.

Mindestens einmal im Leben sucht jeder Sikh den Goldenen Tempel auf. Dieser Tempel ist heute ein Ort himmlischen Friedens. Doch 1984 hatten Sikh-Separatisten, die für Autonomie des Punjab kämpften, den Tempel besetzt, worauf ihn die indische Regierung unter Einsatz schwerer Panzer stürmen ließ. Die Schäden von damals sind inzwischen beseitigt.

Goldener Tempel

★ Sein Standort ist symbolisch: in einem künstlichen, rechteckigen See, dem »Nektar der Unsterblichkeit«, nach dem die Stadt ihren Namen bekam. Die breiten, marmorgepflasterten Uferwege sind von blendend weißen Arkadengebäuden umgeben. Ein Brückensteg führt zum Tempel *(Hari Mandir)* hinüber. Am Ufer steht der *Akhal Takht,* der Sitz der religiösen Leitung der Sikhs. Jeden Morgen wird das heilige Buch *Granth Sahib* zeremoniell aus dem Akhal Takhat in den Goldenen Tempel getragen, wo Stunde um Stunde laut daraus gelesen wird. Meditative Musik ertönt,

Das Allerheiligste der Sikhs: der Goldene Tempel von Amritsar

bunt gekleidete Pilger bestaunen das Heiligtum. Keine Götterbilder, aber Malereien, kostbare Teppiche und Vorhänge, Einlegearbeiten an Wänden und Pfeilern umgeben das Podest des Granth Sahibs. Willkommen sind auch Andersgläubige. Als Symbol der Offenheit hat der 1589 erbaute, nach muslimischer Zerstörung um 1800 wiedererbaute Tempel Türen nach allen Himmelsrichtungen. Täglich werden Hunderte von Pilgern gratis verpflegt.

Tempelbesucher geben ihre Schuhe und Strümpfe in Verwahrung, ebenso Zigaretten, größere Taschen und Rucksäcke. Sie müssen den Kopf bedecken (Mützen werden ausgeliehen) und Füße und Hände in fließendem Wasser reinigen. *Tempelgelände rund um die Uhr, Goldener Tempel von Sonnenaufgang bis etwa 22 Uhr geöffnet*

Jallianwallah Bagh
2000 gewaltlos demonstrierende Männer und Frauen ließ der briti-

sche General Dyer am 13. April 1919 töten oder verwunden, in einem ummauerten Hof ohne Fluchtmöglichkeiten. Ein Museum dokumentiert das Massaker, das, ganz im Gegensatz zu Dyers Absicht, den indischen Widerstandswillen stärkte. Das Memorial wurde 2000 neu gestaltet. *Fünf Minuten zu Fuß nordöstlich vom Goldenen Tempel*

ESSEN & TRINKEN

Gute Restaurants finden Sie beim *Ram Bagh* (schöner Garten). Sie werden auch von anspruchsvollen Einheimischen geschätzt.

Kwality
Große Auswahl indischer Gerichte. *Lawrence Road, Novelty Chowk, Tel. 0183/222 48 49,* €€

Royal Castle
Gute internationale Hotelküche, komfortabel, auch Café. *309. Albert Road, Tel. 0183/222 55 62,* €

ÜBERNACHTEN

Empfehlenswert und authentisch sind die Sikh-Gästehäuser *(Gurdwaras). Sri Guru Ram Das Niwas* und *Sri Guru Nanak Niwas* sowie das *New Akal Rest House* beim Goldenen Tempel bieten für maximal drei Nächte Gratisplätze im Schlafsaal oder in Doppelzimmern (gemeinsame Waschräume) an. Alkohol, Nikotin und andere Drogen sind untersagt, eine Spende wird erwartet.

Mrs. Bhandari's Guest House

Insider Tipp

Umsichtig geleitet von der (fließend Deutsch sprechenden) Eigentümerin. Kein TV, kleiner Pool, ruhige, familiäre Atmosphäre. Keine Kreditkarten! Frühzeitig reservieren! *9 Zi. (AC und Bad), 10, The Cantonment, Tel. 0183/222 85 09, Fax 222 23 90, www.bhandari-guesthouse.tripode.com, €*

Ritz Plaza

Gute Lage in der Neustadt, neu eingerichtet. Klimaanlage, helles Restaurant, Bar. *50 Zi., Plaza 45, The Mall, Tel. 0183/256 28 36, Fax 222 66 57, www.sarovarhotels.com, €€*

AUSKUNFT

Information Office of the Golden Temple

Beim Haupteingang, 8–19.30 Uhr; Tel. 0183/255 39 54, www.sgpc.net

CHANDIGARH

[163 D4] Der berühmte französische Architekt Le Corbusier entwarf Chandigarh (900 000 Ew.) in der optimistischen Aufbruchstimmung des unabhängig gewordenen Indiens. Von 1951–65 entstanden funktionale Gebäude, klare geometrische Linien und Formen sowie weite Räume, die die Hauptstadt der Bundesstaaten Punjab und Haryana prägen. Plätze und Straßen der rechtwinklig angelegten Wohnviertel wurden mit hohen Bäumen begrünt. Die schalen- und rampenförmigen Regierungs-, Parlaments- und Gerichtsbauten des ★ *Capital Complex* sind die Hauptsehenswürdigkeiten. Viel mehr Menschen wollen heute in Chandigarh wohnen, als geplant war.

Zeugnis für individualistische Kreativität ist der 🏃 *Rock Garden (Sector 1).* Aus glänzenden Recycling-Materialien hat Nek Chand Saini, ein Straßeninspektor, dieses erheiternde Phantasieland 1965–76 gebaut und mit Fabeltieren und Koboldfiguren belebt. *Tgl. 8–18 Uhr*

Insider Tipp

ESSEN & TRINKEN

Mehfil

Eine der besten Adressen der Stadt. Gute Multicuisine, angenehme Atmosphäre. *SCO 185, Tel. 0172/70 35 39, €€*

ÜBERNACHTEN

Mountview

Komfortables Haus mit schönem Garten. *156 Zi., Sector 10, Tel. 0172/274 05 44, Fax 274 22 20, www.fhrai.com, €€*

AUSKUNFT

Chandigarh Tourist Centre

Am Bushalt Udyog Path, im Sektor 34, Tel. 0172/270 38 39, www.cidco.chandigarh.com

DELHI

 Karte in der hinteren Umschlagklappe

[165 F1] Die Weltstadt mit über 8 Mio. Ew. zeigt viele Gesichter: Die Altstadt, täglich voll Menschen- und Wagengedränge, hat enge, gewundene Gassen, Basare, niedrige, abgenutzte Häuser zwischen dem Roten Fort und der New Delhi Station der Eisenbahn. Südwestlich schließt sich die großzügig geplante koloniale Neustadt New Delhi an, als deren Mittelpunkt der *Connaught Place* gedacht war. Von hier aus führen breite, elegante Alleen in alle Himmelsrichtungen, hier entstehen immer mehr Hochhäuser in Glas- und Stahlarchitektur, hier boomt das Geschäftsleben. Südlich davon dehnen sich das Regierungsviertel im kolonial-klassizistischen Stil, der *Raj Path* für Paraden, die breiten Boulevards, an denen noble Wohnvillen, diplomatische Vertretungen, Museen, Grünanlagen, üppige Hotels liegen.

Ein anderes Delhi reicht in die älteste indische Geschichte zurück: In die Ära der legendären Mahabharata-Heroen gehören die Siedlungsspuren der Fort-Ruinen von *Purana Quila,* der ältesten Stadt am Platze, östlich vom heutigen New Delhi. Fast alle Herrscher der wechselvollen indischen Geschichte hatten in Delhi, an der Pforte zur Gangesebene, ihren Auftritt. Archäologen fanden auch eine Inschrift Kaiser Ashokas (um 270 v. Chr.). Seit dem 12. Jh. entfalteten in Delhi islamische Eroberer ihre Macht, zuerst die der »Sklavendynastie«. Sie errichteten in ihrer Stadt *Lal Kot* eine große Moschee in »Beutearchitektur« mit den Bauteilen zerstörter Hindu-Tempel, heute 13 km südlich von Delhis Stadtzentrum gelegen. Ihre Siegessäule *Qutb Minar* ist noch heute ein Wahrzeichen von

Kaufrausch unter Kolonnaden des Klassizismus: Connaught Place

Über 8 Mio. Menschen bevölkern Indiens Hauptstadt Delhi

Delhi. Muslimische Herrscher, die aus Turkvölkern stammten, folgten der Sklavendynastie. Ende des 14. Jhs. eroberte der Mongole Timur Lenk die Stadt, im 15. Jh. hatten afghanische Herren die Oberhand. Schließlich brach 1526, als der Mongole Babur den damaligen Sultan besiegte, die 300 Jahre währende Ära der Mogulkaiser an. Von ihnen stammt der Glanz des *Roten Forts*, der Freitagsmoschee *(Jama Masjid)* und der palastähnlichen Grabbauten.

Delhi war ein Zentrum des Aufstands gegen britische Kolonialherrschaft während der so genannten *Mutiny* von 1857. Delhi wählten sich die Briten 1911 statt Calcutta als Hauptstadt ihrer größten Kolonie. Sie ließen die breiten Alleen von New Delhi pflanzen, die in der smoggeplagten Stadt bis heute für etwas frische Luft sorgen. In die von britischen Architekten entworfenen, teils vom Mogulstil inspirierten Regierungsbauten zog die politische Elite Indiens ein, als das Land 1947 die Unabhängigkeit erreicht hatte. Fast ein Jahrtausend lang hatten die Menschen Nordindiens fremde Herren ertragen – aus Persien, Afghanistan und aus England.

In Delhi, das zur Hauptstadt der Indischen Union geworden war, fand Mahatma Gandhi den Tod. Den Lehrer der Gewaltlosigkeit *(ahimsa)* erschoss ein fanatischer Hindu am 30. Januar 1948 auf dem Weg zum Gebet.

In den letzten 50 Jahren ist Delhi rasant gewachsen. Theater, Konzertsäle, Kinos, Galerien, Diskos und Restaurants bieten immer neue Attraktionen. Im Zentrum legt sich die Stadt eine Skyline zu, zwei Metrolinien, eine in Ost-West-, eine in Nord-Süd-Richtung, befinden sich im Bau. Satellitenstädte wachsen, aber noch ist viel Raum in der Ebene um den Yamuna-Fluss und nach Westen, in Richtung Rajasthan.

Bahai House of Worship of the Indian Subcontinent

Der Tempel ist eine religiöse Huldigung an die Schönheit der Schöpfung, an Licht und Wachstum – architektonisch symbolisiert in Gestalt einer Lotusblüte mit 27 marmornen Blättern. Fast 3 Mio. Besucher kommen jährlich, und viele begegnen hier erstmals der Bahaì-Lehre des Persers Baha`u`lla (1817 bis 1892), die Elemente aus allen Weltreligionen zusammenführt. *Bahapur, 6, Canning Road*

Chandni Chowk

Unter all den bunten Basaren Indiens ist dieser in Old Delhi einer der interessantesten – es lohnt sich, auch die Seitengassen zu erkunden und in ihre jeden Tag erneuerte Welt von tausend Farben und Gerüchen einzutauchen.

Gandhi-Denkmal

Ausdrucksvolle Denkmalgruppe des Mahatma, der seine Gefährten durch zähen, friedlichen Widerstand zur politischen Unabhängigkeit führt. *Sardar Patel Marg, Ecke Willington Crescent Road*

Grab des Humayun

Der Vorläufer des Taj Mahal ist heute Unesco-Welterbe. Die Marmorkuppel über dem Grab des Mogul-Kaisers ragt 43 m hoch, das quadratische Gebäude in persischem Stil birgt eine achteckige Grabkammer. Von Gartenanlagen umgeben. *Lodi Road*

India Gate

Monumentaler Blickfang am östlichen Ende des *Raj Path*, Kriegergedenkstätte für Inder, die im Ersten Weltkrieg in der britischen Armee getötet wurden (rund 70 000 Opfer). Architekt: Edwin Lutyens.

Jama Masjid

Die größte Moschee Indiens und drittgrößte der Welt wurde auch als die schönste aller Moscheen gelobt. Shah Jahan, der Bauherr des Taj Mahal, ließ um 1650 die imposante Freitagsmoschee für seine neue Hauptstadt Shahjanabad (heute Old Delhi) aus schwarzem und weißem Marmor bauen, mit einem 100 mal 100 m weiten Hof, doppelstöckigen Toren, einer zweischiffigen Gebetshalle mit elf Bögen. Unter diesen Bögen werden muslimische Reliquien bewahrt, als kostbarste ein Haar vom Barte Mohammeds, seine Sandalen und ein Fußabdruck. ◀▶ Großartiger Blick von einem der beiden 40 m hohen Minarette – lautete der Name doch ursprünglich »Die Moschee mit dem Blick auf die Welt« *(Masjid-i-Jahanuma)*. Um die Jama Masjid leben hauptsächlich Muslime. Hier beginnt der *Chwari Bazar,* die Haupteinkaufsstraße von Old Delhi. *Zwischen Chwari Bazar und Netaj Subhash Marg, tgl. 30 Min. nach Sonnenaufgang bis 12.15 Uhr und von 13.45 bis 30 Min. vor Sonnenuntergang*

Purana Qila (Altes Fort)

Auf dieser Anhöhe vermutet man die älteste Vorgängerstadt Delhis, das Indraprashtra der Mahabharata-Helden. Was man sieht, stammt aber vom Anfang und der Mitte des 16. Jhs., vom Afghanen-Kaiser Sher Shah. *Zwischen India Gate und Zoo, von Sonnenaufgang bis Sonnenuntergang*

Rotes Fort: Im Diwan-i-Khas wurden früher die Privataudienzen abgehalten

Qutb Minar

Indiens höchstes Minarett, Siegeszeichen der Muslime des 12. Jhs., aus rotem Sandstein und Marmor, mit arabischen Schriftbändern als Stein-Einlegearbeit. Im Hof daneben sieht man Bauteile aus Hindu-Tempeln, von den muslimischen Siegern als götzendienerisch zerstört und beraubt. Die (nicht rostende) Eisensäule im Hof konnte man früher mit den Armen rückwärts umfassen, um das Glück zu beschwören – heute nicht mehr möglich (Absperrung). *Sri Aurobindo Marg, 13 km südlich des Zentrums*

Rotes Fort (Lal Qila)

⭐ »Wenn es ein Paradies auf Erden gibt, dann ist es hier, hier, hier«, steht über dem Eingang des Diwani-i-Khas, der Halle für Privataudienzen, geschrieben. Man weiß, dass diese Worte des Erbauers, Shah Jahan, nicht übertrieben waren – auch wenn heute leere Wände und ausgeräumte Hallen Besucher verwundern. Aber seit die Mogulkaiser das Fort 1639–48 bauen, die Paläste darin mit Edelstein-Einlegearbeiten, Seidendächern über den Terrassen und kühlenden Wasserbächen ausstatten ließ, mit Springbrunnen, die vom Fluss Yamuna gespeist wurden, und mit silbernen Zimmerdecken, sind kriegerische Zeiten über diesen Orientzauber hinweggestürmt. Im 18. Jh. plünderten die Perser, sie raubten den Pfauenthron und den Riesendiamanten Koh-i-noor, darauf folgten Marathenstürme (Marathen waren Hindu-Fürsten aus dem Staat Maharashtra). Auch die Briten fügten den Palästen großen Schaden zu. Doch beim Gang durch Gärten und Räume kann, wer sich mit indischer Dekorationskunst etwas auskennt, die Pracht vor dem inneren Auge wiedererstehen lassen.

Hier die wichtigsten Hallen und Paläste innerhalb der 2,5 km langen, bis zu 33 m hohen roten Umfassungsmauer: Im *Naqqar Khana* (Trommelhaus) für die Hofmusiker stiegen fürstliche Besucher von den Elefanten ab, der *Diwan-i-Am* war die öffentliche Audienzhalle. Durch Gärten geht es in nordöstlicher Richtung zum *Diwan-i-Khas,* dem Ort privater Audienzen, wo der gold- und edelsteinüberladene Pfauenthron stand. Südlich davon liegen das *Mumtaz Mahal* (heute Museum für Archäologie), das *Rang Mahal* (Palast der Farbe – das Haus der Prinzessinnen) und Privatgemächer des Herrschers. Etwas abseits nördlich schließen sich das *Hamam* (das kaiserliche Bad) und die feine, elegante *Moti Masjid* (Perlmoschee) an. In ihrer Nachbarschaft lagen damals der Mondscheingarten und der Garten der Lebenslust.

Verlässt man das Fort durch das *Lahore-Tor,* kommt man durch eine Ladengasse, wo die Damen des Hofs ihre Modewaren kaufen konnten – während die Tore allen Männern versperrt wurden. *Zwischen Yamuna und Altstadt, tgl. zwischen Sonnenaufgang und Sonnenuntergang, abends tgl. das Ton- und Lichtspektakel »Son et Lumière« zur Geschichte des Roten Forts*

Tughlaqabad

Das von Affen (und manchmal Schlangen) bevölkerte Ruinenareal der einstigen Hauptstadt, u. a. mit dem noch immer eindrucksvollen Grabmal Ghiyas`ud-Din Tughluqs, des Gründers (14. Jh.), liegt 13 km südlich von Delhi. Verloren ist freilich der Palast, den der arabische Weltreisende Ibn Battuta bestaunte: »Der große Palast, dessen Ziegel der Sultan vergolden ließ. Im Sonnenlicht spiegeln sie so intensiv, dass man unmöglich hinschauen kann.« *Östlich vom Qutb Minar*

MUSEEN

Gandhi Smriti Museum and Library

Spinnrad, Schreibfeder, Sandalen, das blutbefleckte Lendentuch seines Todestages – Zeugnisse der Armut des großen Friedenslehrers. *Di bis So 10–17 Uhr, geschl. jeden 2. Sa im Monat, Eintritt frei, 5, Tees January Marg*

National Gallery of Modern Art

Indische Kunst des 19. und 20. Jhs. *Di–So 10–17 Uhr, Jaipur House, nahe India Gate*

National Museum

★ Reiche Sammlungen der indischen Kulturen, mit Meisterwerken der Skulptur und der Malerei, aber auch der Kunst der Ureinwohner, die bis heute lebendig ist. *Di–So 10–17 Uhr, Eintritt 300 Rupien, Führungen kostenlos, 10, Janpath*

ESSEN & TRINKEN

Dilli Haat

In einem modern-rustikal gestalteten Kunsthandwerkermarkt. Schmackhafte Gerichten indischer Regionen. *Gegenüber vom INA-Markt, Tel. 011/24 67 88 17, € – €€*

Dum Pukht

Unter den Restaurants der Luxushotels ist dies in gastronomischer Hinsicht wie im Design wohl das edelste. Unter den nordindischen Spezialitäten ist z. B. das langsam gegarte Fleisch der Mogulküche der

Nawabs von Lucknow zu empfehlen. *Maurya Sheraton, Diplomatic Enclave, Tel. 011/26 11 22 33, www.welcomgroup.com €€€*

Gaylord
Immer noch schick, gut und teuer – mit Damast und Kristall. *18, Regal Building (am Connaught Place), Tel. 011/51 50 20 30, €€€*

Nirula's
Schlicht eingerichtet im 1. Stock. Gute Gerichte, seit Jahrzehnten beliebt. *Connaught Circus, L-Block, Tel. 011/23 41 74 19, €€*

Parikrama Revolving Restaurant
Hier geht's rund! Auf dem sich langsam drehenden Boden im obersten Hochhausstockwerk genießen Einheimische und Touristen indische und westliche Küche. *Antriksh Bhawan, Kasturba Gandhi Marg, Connaught Place, Tel. 011/55 30 33 94, €€ – €€€*

United Coffee House
Hervorragender Kaffee, ruhige Atmosphäre. Die obere Mittelschicht führt hier die Familie aus. Schmackhafte Multicuisine, Pasta mit indischem Einschlag. *15-E, Connaught Place, Tel. 011/23 41 60 75, €€*

EINKAUFEN

Bookworm
Was nicht in den Regalen steht, wird rasch besorgt. *B-29, Radial Road 4, Connaught Place*

Central Cottage Industries Emporium
Stoffe, Saris, Schmuck, Skulpturen und noch vieles mehr in guter Qualität zu festem Preis (kein Feilschen). Benachbart sind die Emporien der indischen Bundesstaaten. Ganze Tage kann man Souvenirs und Geschenke aussuchen. *Janpath, nahe Tourist Office*

ÜBERNACHTEN

Ambassador Hotel
Sehr empfehlenswertes Taj-Hotel ohne Extremluxus, doch mit nostalgischem Charme, Gartengrün und vorzüglichem Service. Zentral gelegen nahe dem Khan-Market mit guten Läden. *88 Zi., Sujan Singh Park, Cornwallis Road, Tel. 011/24 63 26 00, Fax 24 63 22 52, www.tajhotels.com, €€€*

Major's Den
Sauberes, ruhiges *guest house* mit freundlichem Management. *2314, Lakshmi Narain Street, hinter dem Imperial Cinema, Paharganj, Tel. 011/23 58 90 10, €*

The Oberoi
Luxus mit allem, was das Herz begehrt: äußerst gepflegt in Service und Ausstattung, Küche und Health-Club. 5 Restaurants, schöner Swimmingpool, Business-Center. *290 Zi., Dr. Zakir Hussain Marg (nahe beim Golfplatz), Tel. 011/24 36 30 30, Fax 24 36 04 84, www.oberoihotels.com, €€€*

Oberoi Maidens
Garten mit herrlichen Bäumen und großem Pool, gediegen britischer Stil, nördlich von Old Delhi, hübsch und preisgünstiger als das Oberoi im Zentrum. *53 Zi., 7, Sham Nath Marg, Tel. 011/23 97 54 64, gebührenfrei: 16 00-11-70 70, Fax 23 89 05 95, www.maidenshotel.com, €€€*

La Sagrita Inn

Angenehmes *guest house* in schöner Gegend, sauber und gut geführt. Frühzeitig reservieren! *14, Sunder Nagar, Tel. 011/ 24 35 95 41, Fax 24 35 69 56, www.lasagrita.com,* €€

FREIZEIT & SPORT

Delhi Golf Club

Zwei Plätze, zentral gelegen mit 9 und 18 Löchern in einem Vogelschutzgebiet. Gastgebühr. *Dr. Zakir Hussein Marg, Tel. 011/24 36 27 68*

Delhi Lawn Tennis Association

Auch temporäre Mitgliedschaft, Rasentennis. *Africa Ave., Tel. 011/ 26 19 39 55 oder 26 17 61 40*

AM ABEND

Der Gratiswochenanzeiger *Delhi Diary* informiert über Veranstaltungen.

Ghungroo

Disko mit Lichtorgel und gläserner Tanzfläche im *Sheraton Hotel. Sardar Patel Marg, Diplomatic Enclave, Tel. 011/23 01 01 01*

Indian International Centre

Indischer Tanz und Musik. *40, Lodhi Estate, Tel. 011/24 61 94 31*

Parsi Anjuman Hall

Klassische Tänze und Volkstänze. *Tgl. um 18.45 Uhr, Bahadur Shah Zafar Marg, Tel. 011/26 23 46 89 (abends)*

Triveni

Kulturzentrum, Rezitation, Theater, klassischer indischer Tanz, Ausstellungen. *Tansen Marg (zwischen Bengali Market und India Gate)*

AUSKUNFT/MIETWAGEN

Government of India Tourist Office

88, Janpath, und im International Airport, Tel. 011/23 32 00 08, www.incredibleindia.org

Metropole Tourist Service

Insider Tipp

Gut bewährt: Mietwagen mit zuverlässigen Fahrern für Nordindien, auch Tourenplanung und Packages Nordindien. *244, Defence Colony Flyover Market, Tel. 011/ 24 31 03 13, Fax 24 31 18 19, metropole@vsnl.com, www.mtsin.com*

DHARAMSALA

[162 C3] »Klein Tibet« heißt der Ort im Himalaya auch, seit der aus seiner Heimat vertriebene XIV. Dalai Lama hier das von der indischen Regierung gewährte Exil bezog. Das war 1959. Wer heute nach Dharamsala und zum noch 600 bis 800 m höher gelegenen *McLeod-Ganj* (Ober-Dharamsala) kommt, erlebt einen ungebremsten touristischen Bauboom (und Shoppingfieber) mit einigen tibetischen Oasen – wie der Residenz des Dalai Lama in McLeod-Ganj und dem Norbulingka-Institut samt Tempel, Kunsthandwerk und Gästehaus am Fuße des Gebirges. Im Umkreis: die vielerorts großartig urtümliche Landschaft mit Waldtälern, Seen und silbrigen Flüssen. *Shimla, Dalhousie* und *Pathankot, Palampur* inmitten von Teegärten, die einstige Königsstadt *Kullu* und – nur wenige Stunden vom ewigen Schnee – *Manali* sind beliebte Erholungsorte und Standquartiere für Trekker, Kletterer, Paraglider und River Rafter.

Gebetsmühlen in Dharamsala – gefüllt mit heiligen Texten

SEHENSWERTES

Avalokiteshwara-Tempel
Buddhistischer Tempel mit Bildnis der tausendäugigen tibetischen Schutzgottheit. *Gegenüber der Residenz des Dalai Lama (McLeod-Ganj)*

ESSEN & TRINKEN ÜBERNACHTEN

Chonor House
Farbenfrohes, tibetisches Design. Gutes Restaurant und Gartenterrasse. *12 Zi., Thekchen Choeling Road, Tel. 01892/22 10 06, Fax 22 14 68, www.norbulingka.org, €€*

AUSKUNFT

Himachal Pradesh TDC
In McLeod-Ganj, nördlich der Bank von Baroda, Tel. 0177/265 27 04, www.hptdc.nic.in

GWALIOR

[166 A2] Abseits vom Pfad der meisten Rundreisen liegt Gwalior in Madhya Pradesh. Es ist berühmt wegen seines mächtigen Rajputen-Forts, das auf einem Plateau rund 100 m über der Stadt (1 Mio. Ew.) aufragt. Auf die Legende von der Heilung eines vermeintlich unheilbar erkrankten Hindu-Fürsten durch einen Eremiten geht möglicherweise die Verehrung der Jain-Heiligen in Gestalt jener gigantischen Figuren zurück, die im Felsabsturz des Tafelberges zu sehen sind.

Gwaliors Geschichte war kriegerisch bis in die Mitte des 19. Jhs., als sich die Scindiafürsten beim Aufstand gegen die Briten zwar mit der Kolonialmacht arrangierten, ihre Truppen aber unter der Führung der Rani von Jhansi (Rajputen-Herrscherin) legendär tapfer kämpften.

SEHENSWERTES

Jain-Skulpturen
Insider Tipp
An den Wänden einer Schlucht an der Südwestseite des Forts stehen die bis zu 17 m hohen Jain-Heiligen – in Nordindien einzigartig (meist 15. Jh.). Man findet fünf Gruppen in der Schlucht, im Südosten und

-westen, im Nordwesten und -osten. Dort sind auch Shiva- und Parvatibilder zu sehen.

Man Singh Palace

Der glanzvollste Palast des Forts wurde um 1500 erbaut. Vom Prunk der farbigen Kacheln blieben nur schmale Reste, doch Rundtürme und Zinnen beeindrucken ebenso wie die Kellergefängnisse. Noch vier andere Palastruinen sind zu besichtigen. Das große Bassin beim Shah Jahan Palace war Schauplatz des *Jauhar*, des Massenselbstmords von Frauen mit ihren Kindern, als im 13. Jh. der Sultan von Delhi die Festung eroberte.

Sasbahu-Tempel

Warum sie Schwiegermutter *(Sas)* und Schwiegertochter *(Bahu)* heißen, ist nicht genau überliefert, doch sind die beiden Tempel (11. Jh.) mit reichen Figurenfriesen ausgestattet, ein schönes Beispiel der Hindu-Architektur.

MUSEEN

Gujari Mahal
Archaeological Museum

Ehemaliger Palast mit schönen Skulpturen der Guptakunst, eindrucksvollen Kopien buddhistischer Höhlenmalerei. *Di–So 10–17 Uhr, am Nordende des Forts*

Scindia Museum/Jaivilas Palace

Vergangene Maharajaherrlichkeit der Scindiafamilie, die noch in einem Teil des Palastes lebt. Großdimensionierte Spielereien überreicher Leute im 19. Jh., z. B. eine silberne Tischeisenbahn, oft recht amüsant. *Di–So 9.30–17 Uhr (anderer Eingang als zum Palast)*

ESSEN & TRINKEN
ÜBERNACHTEN

Shelter

Modern, mit gutem Restaurant. *20 Zi., Pandav (Nähe Bahnhof), Tel. 0751/233 62 09, Fax 232 62 12, www.sheltergwalior.com,* €

Hotel Tansen

Komfortabel, mit Garten und Terrasse. Indische Küche. *36 Zi., 6-A, Gandhi Road, Tel. 0751/ 234 03 70, Fax 234 03 71, www. mptourism.com,* €

Welcomgroup Usha Kiran Palace

Ehemaliges Gästehaus des Maharajas, jetzt Taj-Hotel. Empfehlenswerte Küche: Muglai-Spezialitäten! *28 Zi., Jayendraganj, Tel. 0751/ 244 40 00, Fax 244 40 18, ushakiran.gwalior@tajhotels.com,* €€€

AUSKUNFT

Im Hotel Tansen.

KHAJURAHO

[166 B3] ★ Die Tempelstadt der Chandelakönige war noch vor 30 Jahren ein echter Geheimtipp. Heute fliegen Jets von Delhi mehrmals wöchentlich nach Khajuraho (7000 Ew.). Im Kultort gibt es mehr als 20 gut erhaltene Tempel und den reichsten Schatz erotischer Skulpturen von Tänzerinnen und Liebespaaren. Offenbar wurde in der alten hinduistischen Kunst auch sinnliche Erfahrung als ein Weg zur Erlösung anerkannt und dargestellt. Da der Ort so abseits liegt, blieben die zwischen 950 und 1050 erbauten Hindu-Tempel vor muslimi-

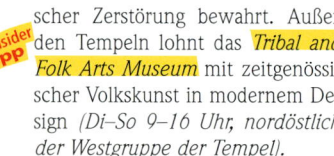

scher Zerstörung bewahrt. Außer den Tempeln lohnt das *Tribal and Folk Arts Museum* mit zeitgenössischer Volkskunst in modernem Design *(Di–So 9–16 Uhr, nordöstlich der Westgruppe der Tempel).*

ESSEN & TRINKEN

Gegenüber der Hauptgruppe der Tempel: einfache Restaurants, manche mit Garten oder Dachterrasse.

ÜBERNACHTEN

Hotel Payal
25 geräumige Zimmer. Garten. *Nördlich der Tempel, Tel. 07686/ 27 40 64, www.mptourism.com, €*

Jass Trident
Stilvoll mit Park, Swimmingpool und Tennisplatz. Tanz- und Pup-

Khajuraho: Tempel im Detail

pentheatervorführungen. *50 Zi., Bypass Road (südlich der Tempel), Tel. 07686/27 23 44, Fax 27 23 45, re servations@radissonkhajuraho.co, €€ – €€€*

AUSKUNFT

Government of India Tourist Office
Bei der Westgruppe der Tempel, Tel. 07686/243 47, Fax 423 48, go ito@bom6.vsnl.net.in

LEH

[163 D2] Himmelhoch ragen die Gipfel des Himalaya vor der schmalen Straße auf, die sich von *Manali* in vielen Kurven zum 3500 m über der Gangesebene gelegenen Leh emporschraubt. Sieben bis acht Monate lang ist die Region Ladakh mit ihrer Hauptstadt nur mit dem Flugzeug erreichbar – wenn das Wetter es zulässt. Ladakh bedeutet »viele Pässe« – das glaubt der Busreisende gern, der für die 485 km dieser Straße mindestens zwei Tage benötigt. Der höchste Pass ist dabei der 5326 m hohe *Tag-lang-La.* Besonders, wer mit dem Flugzeug gekommen ist, muss sich erst einige Tage akklimatisieren. Die Luft ist sauerstoffarm, Schlaffheit und Übelkeit sind normale Reaktionen. Leh liegt im breiten Talkessel des jungen Indus, hier grünen zwischen kahlen Bergen Felder. Im Winter wird es kalt, bis zu minus 50 Grad, die Sommersonne erwärmt bis plus 25 Grad. Das natürliche Gleichgewicht ist sehr empfindlich: Jeder Tritt zerstört möglicherweise Pflanzen für Jahre. Der Gast muss immer darauf bedacht sein, die Umwelt für

Leh: umgeben von kargen Bergen und mehreren tibetischen Klöstern

die Bewohner nicht noch unwirtlicher zu machen.

In der Abgeschiedenheit hat sich eine buddhistische Kultur erhalten, die lange von Tibet beeinflusst wurde. Es gibt mehrere Klöster, in denen man sich in Tibet wähnt. Nur der eroberungswütige Aurangzeb, Großmogul der 2. Hälfte des 17. Jhs., konnte eine Minderheit zum Islam bekehren, eine Moschee aus seiner Zeit steht noch in der Hauptstadt. Die Hauptstraßen der etwa 10 000 Ew. zählenden Stadt Leh sind belebte Basare. Man bietet Fremden gebutterten Tee an, in den Imbiss-Gaststätten gibt es *momos,* tibetische Nudeltaschen.

SEHENSWERTES

Palast der Könige
⚜ Auf einem Hügel überragt er neunstöckig die Stadt. Der Palast stammt aus dem Anfang des 17. Jhs., damals war Leh eine Königs-stadt. Seit die königliche Familie vor fast 200 Jahren vertrieben wurde, ist der Palast dem Verfall überlassen – aber dennoch eine beeindruckende Kulisse. *Im Sommer meist tgl. 7–19 Uhr, sonst kürzer*

ESSEN & TRINKEN

Kleine Restaurants bieten tibetische, chinesische und internationale Küche, die besten sind in den Hotels.

Dreamland
Tibetische Spezialitäten im gleichnamigen Hotel. *Fort Road, Tel. 01982/25 07 86 (reservieren!),* €

ÜBERNACHTEN

Galdan Continental
Gepflegtes Haus mit Garten und freundlichem Service. *25 Zi., Old Fort Road, Post Box No. 47, Tel. 01982/25 24 38, Fax 25 11 00, galdancontinental@hotmail.com,* €€

Omasila Hotel

Schöner Garten. 10 Minuten vom Stadtkern im Vorort Changspa. *30 Zi. und 5 Suiten, Tel. 01982/ 25 21 19, www.omasila.com, €–€€*

Shambala

Familiäres, ruhiges *guest house,* Terrasse, unter Bäumen. Mit Restaurant und auch Heizung. 20 Gehminuten vom Stadtzentrum im Vorort Skara. *26 Zi., Tel. 01982/ 25 26 07, Fax 25 11 00, ladakh-shambala@vsnl.com, €€*

AUSKUNFT

Tourist Reception Center
An der Straße zum Flughafen, Tel. 01982/25 20 95, Fax 25 22 97, www.jktourism.org

ZIELE IN DER UMGEBUNG

Zum Trekking braucht man keine amtlichen *permits* und spart so Zeit. Sie sollten sich aber zwei bis drei Tage an die Höhe gewöhnen und natürlich mit bequemen Bergschuhen und warmer, dem Klima angepasster Kleidung ausrüsten. Achtung, die UV-Strahlung ist hier extrem hoch! Sonnenbrille, -creme und Kopfbedeckung sind unbedingt erforderlich.

Man kann zu den tibetischen *Gompas* wandern, den Klöstern des tantrischen Buddhismus, zu meditativen Gesängen und Bildern. Die *Rinpoches,* Äbte der Klöster, sind zugleich Lehrer, Ärzte und Richter. Die Klosterbauten faszinieren durch ihre Anlage an sehr steilen Felshängen. Die Freundlichkeit der Lamas ist bekannt. Sie zeigen gern ihre *Gompas* und Kunstwerke und freuen sich über Geldgaben.

Hemis Gompa [163 D2]

Eines der meistbesuchten und größten Klöster, Sitz des Rotmützenordens, mit Wandgemälden, einer berühmten Bibliothek, kostbar geschmückten Buddhaskulpturen. Abendbesuch am Shanti-Stupa mit schönem Ausblick und japanischer Trommelmusik. Übernachtungsmöglichkeit. *45 km südlich*

Shey [163 D2]

Shey war der Sommerpalast der Ladakh-Könige, dort wohnten die Königinnen, wenn sie ihre Kinder zur Welt brachten. Die kleine Sammlung von restaurierten *Thangkas* (tibetischen Andachtsbildern) ist sehenswert, besonders aber die 12 m hohe, vergoldete Buddha-Statue. *17 km südöstlich*

Stok [163 D2]

Die Choglamsar-Hängebrücke führt zum Dorf und Palast Stok, einem verfallenen Bauwerk, von dessen 80 Räumen einige als Museum zugänglich, andere bewohnt sind. Unter den Erinnerungsstücken der Königsfamilie sind jahrhundertealte *Thangkas* und *Peraks,* juwelengeschmückte Hüte. Dahinter ein *Gompa,* in dem Masken und Wandgemälde zu sehen sind *(Mai bis Okt. 10–17 Uhr). 17 km südwestlich*

Tikse [163 D2]

Schon im 15. Jh. Sitz des Gelukpa-Ordens (Gelbmützen). Zwölfstöckiger Hauptbau, Wandgemälde und andere Kunstschätze. Dutzende von Mönchen wohnen noch hier, zelebrieren Gesänge und Kulthandlungen. Großartig ist der Blick hinab zum Oberlauf des Indus. *19 km südöstlich*

Inside TIPP

LUCKNOW

[166 C2] Einst war Lucknow eine der bedeutenden Metropolen Nordindiens. Heute befindet sich die Hauptstadt von Uttar Pradesh mit ihren 2 Mio. Ew. abseits der touristischen Hauptwege, trotz der günstigen Lage zwischen Delhi und Varanasi und trotz ihrer immer noch lebendigen Erinnerungen an legendären Reichtum, Kunstsinn und gute Lebensart.

Die muslimischen Nawabs von Avadh (englische Schreibung: Oudh) verlagerten Ende des 18. Jhs. ihren Hauptsitz nach Lucknow. Malerei und Tanz – speziell der höfische Kathak-Tanz –, Musik und Architektur erlebten eine Blütezeit, ebenso die Produktion prächtiger Textilien und die Kochkunst. Noch heute sind an vielen Stellen Lucknows die beiden Fische, das Herrschaftszeichen der Nawabs, zu entdecken.

1856 annektierte die britische Kolonialverwaltung Avadh. Dies war einer der Auslöser für den ein Jahr später beginnenden Aufstand gegen die Kolonialmacht. Lucknow war während der *Mutiny* von 1857 einer der Brennpunkte des Aufruhrs.

SEHENSWERTES

Bara Imambara

★ Das *Große Mausoleum (imambara* ist die Grabstätte eines schiitischen Heiligen, *bara* bedeutet groß) wurde im Jahr 1784 gebaut. Einer der mächtigen Nawabs, Asaf-du-Daulah, ließ seine Ruhestätte als Arbeitsbeschaffungsmaßnahme während einer Hungersnot errichten.

Die etwa 15 m hohe Haupthalle kommt ohne Stützpfeiler aus, für ihre Zeit eine architektonische Meisterleistung. Über schmucklose Treppen gelangt man zur *Bhuul Bhulaiya*, einem so genannten Labyrinth von halbdunklen Gängen und Aussichtsgalerien. Führer dienen sich als Beschützer vor der vermeintlichen Gefahr des Verirrens an. Die links benachbarte *Asfi-Moschee* ist nur für Muslime zugänglich. Münzen, die in den angeblich 60 m tiefen Brunnen rechts geworfen werden, sollen direkt zu Shiva gelangen. *Sonnenaufgang bis Sonnenuntergang, Husainabad Road, Chowk*

Chota Imambara

Das *Kleine Mausoleum (Husainabad Imambara),* 1817–42 erbaut, ist mit einer Goldkuppel gekrönt und von einer gepflegten Gartenanlage umgeben. Im Inneren: Kristalllüster und fürstlicher Kitsch. *Sonnenaufgang bis Sonnenuntergang, westlich der Bara Imambara*

La Martinière

Stein gewordene Romantik oder Zuckertortenkitsch? Als der französische Soldat, Abenteurer und Lebemann Claude Martin Ende des 18. Jhs. das stattliche Anwesen am Gomti-Fluss errichtete, vermischte er sämtliche orientalische und europäische Baustile, die für ihn Glanz und Pracht verkörperten. Das Ergebnis ist zweifellos eines der außergewöhnlichsten Gebäude Nordindiens. Auf Martins Wunsch wurde das Gebäude zum College, noch heute wird hier unterrichtet. Rudyard Kipling lässt im »Dschungelbuch« seinen Kim auf diese Schule gehen.

Residenz (Residency)

Ende des 18. Jhs. von den Nawabs für die britische Verwaltung erbaut, erwies sich der Komplex 1857 beim Aufstand der Sepoys (indischstämmiger Kolonialtruppen) zur Verteidigung als ungeeignet. Doch hatten die rund 3000 belagerten Menschen, darunter etwa 1400 indische Soldaten und Bedienstete sowie über 550 Frauen und Kinder, keine andere Zuflucht. Unter schrecklichen Bedingungen hielten sie fast ein halbes Jahr aus, die meisten gingen im Kampf oder an Krankheiten zu Grunde. Die Belagerung wurde in der britischen Öffentlichkeit zum Symbol für die Grausamkeit der *Mutiny*. Heute kann man im friedlichen Park Einschusslöcher an den Ruinen betrachten und im Hauptgebäude eine dokumentierende Ausstellung sowie den Keller, in dem Frauen und Kinder ausharrten. Auf dem **Insider Tipp** Friedhof findet man am Grab des Chief Commissioner Sir Henry Lawrence die Inschrift, er habe »versucht, seine Pflicht zu tun«. *Museum tgl. 10–17 Uhr; Eintritt 250 Rupien, Mahatma Gandhi Road*

ESSEN & TRINKEN

Lucknow ist berühmt für seine Mogulküche. Typische Garmethode ist langsames Dünsten in zugedeckten Tontöpfen. Restaurants, die *chaat*, schmackhafte Snacks, anbieten, finden Sie in der *Mahatma Gandhi Road* im Stadtteil Hazratganj.

Falaknuma

◆/▶ Sehr gute Mogulküche bei bestem Ausblick über die Stadt. *Im Hotel Clarks Avadh, 8, MG Marg, Tel. 0522/262 01 31,* €€€

EINKAUFEN

In den Stadtteilen *Hazratganj* und *Chowk,* den wichtigsten Einkaufsgegenden, werden u. a. *Chikan*, reich bestickter Baumwollstoff, Silberarbeiten und Parfüms angeboten.

Gangotri

Kunsthandwerk aus Lucknow und Umgebung. *31/29, Hazratganj*

Izhar Ahmad & Sons Perfumers

🏃 Parfümliebhaber werden hier ihre Freude haben, z. B. an den Duftessenzen in winzigen Flakons *(Attar)* aus eigener Produktion. *Chowk*

ÜBERNACHTEN

Gomti

Aufmerksamer Service, gutes Restaurant, Bar. *80 Zi., 6, Sapru Marg, Tel. 0522/222 06 24, Fax 261 26 59, gomtiupt@sancharnet.in,* €

Taj Residency

Erstklassig und ruhig, etwas außerhalb, tropischer Garten mit elegantem Pool, zwei Restaurants, Bar mit indischen Musikern. *110 Zi., Vipin Khand, Gomti Nagar, Tel. 0522/239 39 39, Fax 239 22 82, www.tajhotels.com,* €€€

SPORT & FREIZEIT

Lucknow Golf Club

Die neun Löcher stehen gegen Gebühr auch Gästen offen. *Ab 5.30 Uhr, Kalidas Marg, auf dem Weg zu La Martinière, Tel. 0522/262 06 31*

AUSKUNFT

Im Hotel Gomti, 6, Sapru Marg, Tel. 0522/222 06 24, Fax 261 26 59

PRAGPUR

[163 D3] Insider Tipp Indiens erstes *Heritage Village* (Kulturerbe-Dorf) erhielt 1997 seine Urkunde. Es liegt etwas südlich der alten Stadt Kangra in Sichtweite der Himalaya-Grate. Pragpur (2000 Ew.) ist ein stimmungsvolles Dorf mit kopfsteingepflasterten Gassen, Tempeln, Dorfläden und Dorfteich, inmitten einer grünen Garten-, Wald- und Felderlandschaft. Breit strömt der Beas-Fluss, der bei der Trekking-Station Manali im Kullu-Tal entspringt. Mit der Heritage-Initiative, die von Pragpurs Grundherrn Vijai Lal ausging, tritt das Kangra-Tal ins touristische Rampenlicht: eine der hinreißend schönen Landschaften des Bundesstaats Himachal Pradesh. Das Tal erstreckt sich nahe Dharamsala, der Exilresidenz des Dalai Lama, und parallel zur Himalaya-Kette mit Trekkingrouten in allen Höhenlagen.

ESSEN & TRINKEN ÜBERNACHTEN & AUSKUNFT

The Judge's Court
100 Jahre alter Landsitz mit familiärer Atmosphäre und guter nordindischer Küche. Garten am Dorfrand. Reiten und Angeln möglich. Auch Auskunft. *10 Zi., District Kangra, Tel. 01970/24 50 35, Fax 24 57 80, www.judgescourt.com, €€*

ZIELE IN DER UMGEBUNG

Andretta **[163 D3]**
Keramikmuseum von Mansiran und Mary Singh und kleine Gemäldesammlung des Malers Sardar Sobha Singh. In dörflicher Idylle. *30 km nördlich*

Baijnath **[163 D3]**
Vaidynatha-Tempel (Shiva-Tempel) aus dem 8. Jh. mit hervorragenden Skulpturen. Benachbart: *Tashijong Gompa,* ein Dorf und Tempel der Exil-Tibeter, mit Holzschnitzer-Werkstatt, sowie das Heritage-Hotel *Taragarh Palace. Etwa 120 km nordöstlich*

RISHIKESH/ HARIDWAR

[163 E4/D5] Hier ist der Ganges jung, sauber und gilt als besonders heilig. In Rishikesh (85 000 Ew.) kommt er aus einem engen Tal und strömt mit grünklarem Wasser an Sandbänken vorbei. 25 km weiter in Haridwar (220 000 Ew.) verlässt der heilige Fluss der Hindus endgültig das Gebirge.

Alle zwölf Jahre feiert man in Haridwar eines der größten religiösen Feste Indiens, die *Kumbh Mela* (Messe, Versammlung), mit dem erlösenden Bad Hunderttausender im reißenden Strom – das nächste Mal im Jahr 2010. Als heilige Städte sind Haridwar und Rishikesh ganz auf fleischlose Kost eingestellt und verbieten jeden Alkohol. Da Haridwar sehr laut und verkehrsreich ist, gehen westliche Reisende lieber nach Rishikesh. Dort kann man in vielen Ashrams Yoga und Hinduismus studieren und hat einen guten Ausgangspunkt für Bergwanderungen in den Gharwal Himalaya (bis auf fast 8000 m Höhe!), für Rafting und anderen Abenteuersport. Bergpilgerreisen führen nach *Gangotri, Badrinath* und *Kadarnath*.

Die Ashrams liegen meist im nördlichen Teil von Rishikesh am

Haridwar: Bad im Ganges während der Kumbh Mela

linken Gangesufer. Manche Ashrams nehmen feste Gebühren für Unterkunft und Lehre, oft aber ist die Höhe einer »freiwilligen« Spende auszuhandeln.

SEHENSWERTES

Har-ki-Pauri

Stufen zu Gott – so heißt das Haupt-Ghat, auch *Brahma Kund* genannt, wo man einen Fußabdruck des Gottes Vishnu vermutet und wo viele Pilger von den Treppen aus ins Wasser steigen, nicht ohne sich jedoch vorher an großen Eisenketten festzuhalten oder festzuzubinden. Das Har-ki-Pauri ist auch Hauptschauplatz der *Khumb Mela*. *Haridwar*

Lakshmanjula

Die Hängebrücke für Fußgänger führt zur *Swarg Ashram Area*. Ein angenehmer, meditativer Platz. *Rishikesh*

Shivananda Ashram

Gehört zur 1936 von Sri Swami Shivananda gegründeten spirituellen Divine Life Society. Mit Ayurvedazentrum, Bibliothek, Kursen. *Rishikesh, Fax 01364/243 11 90*

Triveni Ghat

Nach Sonnenuntergang setzen Priester schwimmende Lampen auf das Wasser. *Nahe bei Rishikeshs ältestem Tempel Bharat Mandir*

ESSEN & TRINKEN

Chotiwala

Einfach, doch sehr geschätzt. Mit Dachgarten *Swarg Ashram (bei der Shivanand-Brücke), Tel. 01364/243 00 70, €*

ÜBERNACHTEN

Ananda Hotel

★ ⧖ Superluxus hoch über der Gangesschlucht: Baden, Speisen,

Wellness, Ayurvedatherapien, Trekking, Squash. 70 exzellent gestaltete Zimmer, 5 Suiten, viele mit Ausblick in die weite Ebene. *Narendra Nagar, Uttaranchal-249175, Tel. 01378/22 75 00, Fax 22 75 50, www.anandaspa.com, €€€*

Hotel Ganga Kinare
Am Fluss mit Terrasse und Garten, zwei Restaurants. Yoga. *38 Zi. (teils renoviert), 16, Verbhadra Road, Rishikesh, Tel. 01364/243 16 58, Fax 243 52 43, hotelganga_02@yahoo.com, €*

Hotel Nataraj
Komfortabel. Swimmingpool, Fitnessclub, Ladenarkade. *49 Zi., Dehra Dun Road, Rishikesh, Tel. 0135/ 243 10 99, Fax 243 33 55, htnataraj@sancharnet.in, €*

Inderlok Hotel
🏃 Im Zentrum, teilweise AC. Yoga, Meditation. Vegetarische indische und chinesische Küche. *52 Zi., Railway Road, Rishikesh, Tel. 01364/243 05 55, Fax 243 28 55, €*

AUSKUNFT

Garhwal Mandal Vikas Nigam
Auch sachkundige Rafting- und geführte Trekkingtouren in den Himalaya, auf Wunsch individuell gestaltet. *Muni-ki-Reti, Rishikesh, Lakshmanjula Road, Tel. 0135/243 17 83, Fax 243 03 72, www.gmvnl.com*

SANCHI

[166 A4] Das Dorf (500 Ew.), einst Hauptstadt des Malwa-Reichs, ist 46 km von Bhopal entfernt und gut mit Bus oder Bahn erreichbar.

SEHENSWERTES

Stupa
⭐ Die steinerne, gut 16 m hohe Halbkugel ist kein Tempel, sondern ein Reliquienbehälter. Wofür – das ist immer noch ein Geheimnis. Errichtet wurde der *Stupa* im Kern von Kaiser Ashoka im 3. Jh. v. Chr. Was ihn zu einer der größten Schöpfungen der Weltkunst macht, sind die Reliefs auf dem großen umlaufenden Steinzaun mit vier 10 m hohen Toren, den *Toranas*, die um Christi Geburt entstanden. Das Leben Buddhas ist in Hunderten von Bildfeldern dargestellt. Im Umkreis: andere Stupas, Reste von Tempeln und alten Klöstern, auch ein modernes, von Mönchen bewohntes Kloster und ein kleines Museum *(Sa–Do 10–17 Uhr)*.

ESSEN & TRINKEN ÜBERNACHTEN

Gateway Retreat
Einfach. Veranda mit Blick auf die antiken Schreine. Restaurant. *8 Zi. (2 mit AC), Tel. 07482/26 67 23, www.mptourism.com, €*

AUSKUNFT

Infos in den schlichten Unterkünften, dort gibt es auch *guide books*.

SIKKIM/GANGTOK

[168 A–B2] Sikkim, das kleine indische Bundesland zwischen Tibet, Bhutan und Nepal, leuchtet bunt, obwohl seine Felsen grau sind. Sikkimesische, tibetische und nepalesische Buddhisten schmücken ihre Tempelfassaden und Tempelhallen mit kräftigen, unvermischten Farben. Tausende schmaler Terrassen überziehen die steilen Hänge, auf denen Hirse wächst, hier und da leuchten Reisfelder intensiv grün. Ebenen gibt es fast nicht, die Bergflanken sind dicht mit märchenhaft schönem Bergwald bestanden, mit Rhododendren und Farnbäumen. An höheren Baumstämmen ballen sich Orchideenbüschel und blühen in feenhaften Farben (rund 600 Arten). Reihenweise wehen weiße oder farbige Gebetsfahnen. An den Tempeln heben sich die Farben schön von den vergoldeten Flächen ab. Golden glänzt bei Sonnenuntergang auch der Schnee im Himalaya.

Bis 1975 war Sikkim Königreich, doch es verlor schon im 19. Jh., bedrängt von China, Nepal und der britischen Kolonialmacht, große Teile seines Territoriums (auch Darjeeling gehörte einmal Sikkim) und schloss sich nach der Abdankung des letzten *Chogyals* (Königs) und einer Volksabstimmung der Indischen Union an. Die Hauptstadt *Gangtok* (ca. 30 000 Ew.) ist eine übervölkerte Provinzstadt mit vielen Nepalesen und regem Betrieb auf den steilen Straßen, mit kleinen Läden und Parks. Das Bergland in der Nähe und im Norden lädt zu Trekking und Wagentouren ein.

SEHENSWERTES

Enchey Gompa
Ein Tempelbesuch ist besonders schön während der religiösen Tänze im Januar (Datum im Tourist Office erfragen). *3 km nördlich*

Namgyal Institute of Tibetology
Das Museum mit Zeugnissen des Mahayana-Buddhismus zeigt eine Aufsehen erregende Sammlung von schönen *Thangkas* (Meditationsbildern), Skulpturen und Kultgegenständen. *Mo–Sa 10–16 Uhr, am südlichen Stadtrand*

Orchideen
☀ Im White Hall Flower Exhibition Centre ist im März eine herrliche Orchideenschau zu sehen, mit einheimischen Arten, aber auch jährlich wechselnden Neuzüchtungen aus Sikkim. *Auf dem Höhenzug am Ridge Park*

Insider Tipp

ESSEN & TRINKEN
ÜBERNACHTEN

Netuk House
Gut geführt, komfortabel, im tibetischen Stil. Vorzügliche sikkimesische Küche (nach Anmeldung auch für Nicht-Hotelgäste). *8 Zi., Tibet Road, Tel. und Fax 03592/22 23 74, slg-netuk@sancharnet.in,* €

Norkhill Hotel
Ehemaliges königliches Gästehaus beim Paljor-Stadion. Garten, Restaurant. *30 Zi., Tel. 03592/20 56 37, Fax 20 56 39, www.elginhotels.com,* €€

Shambala Mountain Resort
Schöne Parklage unweit vom Kloster, sehr freundlich. Vegetarisches Restaurant, Bar. *12 Zi., Rumtek, Tel. 03592/25 22 40,* €

AUSKUNFT

Sikkim Tourism Development Corporation
MG Marg, Gangtok-737101, Tel. 03592/22 26 34, Fax 22 24 13. Die Einreise ist neuerdings leicht möglich. Erforderlich ist jedoch ein *permit,* ebenso wie ein spezielles

permit für Trekking im Norden des Landes. Am besten beantragt man die Genehmigungen zusammen mit dem Indien-Visum zu Hause.

ZIELE IN DER UMGEBUNG

Pelling   [168 A2]

☀ Erholungsort in West-Sikkim mit hervorragendem Ausblick auf den *Kanchenjunga* (8586 m). Hubschrauberflüge zum dritthöchsten Berg der Erde werden vom Tourist Office in Gangtok angeboten. Nahe Pelling thront das *Pemayangtse-Kloster* (1705) über Bergwäldern. Es ist eines der ältesten und wichtigsten Klöster Sikkims. Im Obergeschoss ist ein hallenhohes Modell eines Götter- und Dämonen-Kosmos über der kleinen irdischen Welt zu sehen. Nach einer kurzen Wanderung können Sie auch die freigelegten *Ruinen von Rabentse*, der alten Hauptstadt, erreichen. Übernachtung im ☀ *Mount Pandim Hotel* mit Blick auf den Kanchenjunga. Reservieren *(25 Zi., Tel. 03593/507 56, €). 110 km südwestlich (etwa 4 Autostunden)*

Rumtek   [168 A2]

An einem Berghang liegt das große *Rumtek Gompa* der aus Tibet geflohenen Schwarzhutmönche. Das Kloster wurde 1960 als Kopie ihres uralten Heimatschreines gebaut. *24 km südwestlich*

Tsomgo-See   [168 B2]

Hochgebirgssee in 3774 m Höhe. Er ist ein beliebtes Ausflugsziel, ebenso wie der *Natu-Pass* an der chinesischen Grenze, den Sie erreichen, wenn Sie weiter auf der gleichen steilen Haarnadelkurvenstraße fahren. *40 bzw. 60 km östlich*

SRINAGAR/ KASCHMIR-TAL

[162 C–D2] Vor Reisen nach Kaschmir wird wegen terroristischer Anschläge gewarnt. Seit 2003 hat der Tourismus jedoch wieder begonnen.

VARANASI

[167 D3] Leben und Tod, das goldene Tempeldach, glitzernde Seide und arme Kranke und Greise, den Tod am heiligen Ort erwartend – das ist Varanasi: Indien, wo es am indischsten ist und am meisten zu Herzen geht. Das Westufer des Ganges wird gesäumt von breiten Treppen, den *Ghats*, hinter ihnen Tempeltürme, alte Paläste und Verbrennungsstätten. Feierlich ist die Stunde vor Sonnenaufgang, wenn sich der Himmel über dem unbebauten Ostufer rötlich färbt und Hunderte von Schälchen aus Blättern mit kleinen Ölflammen flussabwärts schwimmen. *Insider Tipp*

Varanasi heißt nach den beiden Flüssen Varuna und Asi, die hier in den Ganges münden. Die Briten verschliffen den Namen zu *Benares*. In den Veden heißt die Stadt *Kashi*, Ort des Lichts. Schon die Legenden des Ramayana und Mahabharata erzählen von Kashis Heiligkeit, wie ein falsches Opferritual des Königs von Kashi zu großer Dürre führte, bis Brahma den Fluss Ganges vom Himmel holte, wo er als Milchstraße glänzte. Die Wassermassen ließ Gott Shiva durch sein Haar strömen, sodass sie kein Unheil anrichteten und abgebremst in die nordindische Ebene flossen.

VARANASI

SEHENSWERTES

Ghats von Varanasi

Im Ruf der höchsten Heiligkeit steht das *Dasasvamedh Ghat* (in der Mitte der Ghat-Reihe). Hier beten die asketischen *Sadhus,* oft nackt, nur mit Asche bestreut.

Flussabwärts schließt sich das *Man Mandir Ghat* an. Dort verfällt allmählich der Palast des Maharajas Man Singh von Amber aus dem 17. Jh. Vier Ghats weiter kommt man zum *Toten-Verbrennungs-Ghat Jalashayin.* Aus respektvoller Distanz darf man zuschauen, Fotografieren ist verboten. Ein nepalesischer Tempel mit vergoldetem Dach steht am *Lalita Ghat.* Ein Fußabdruck Shivas, ein Ganesh-Tempel und ein Wasserbecken, das aus den Schweißtrop-

fen Shivas entstand, als er nach einem Ohrrring seiner Frau Parvatis suchte, heiligen das *Manikarnika Ghat.* Zwei Ghats weiter flussabwärts sollen sich nach der Legende die fünf heiligen Ströme (Ganges, Yamuna, Kirana, Sarasvati und Dhutapapa) beim *Panchaganga Ghat* unter der Erde treffen.

Vom *Dasasvamedh Ghat* soll flussaufwärts das zweite, das *Someswar Ghat* (Mondschein-Ghat), Krankheiten durch ein Bad heilen. Es folgen das Shiva geweihte *Kedar Ghat* und eine weitere Verbrennungsstätte *(Hareshchandra Ghat),* dann, unterhalb eines *Hanuman-Tempels,* das Ghat gleichen Namens. *Shivala Ghat* war ein militärisches Fort, *Tulsi Ghat* wurde einem Dichter und Sänger gewidmet.

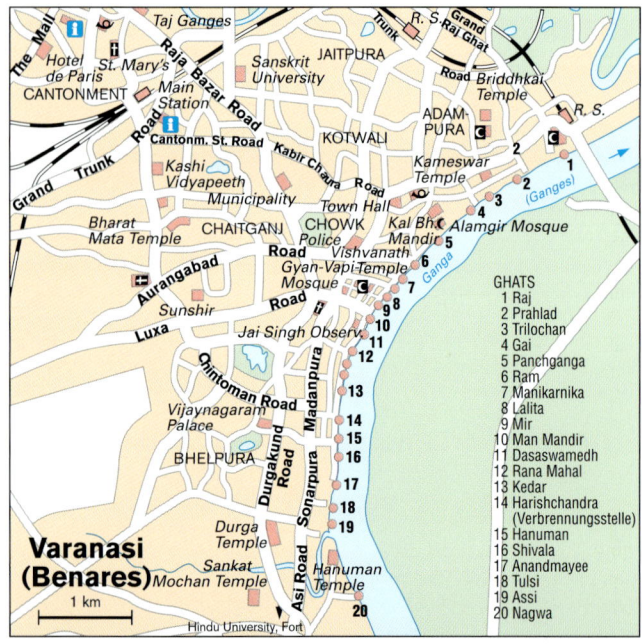

GHATS
1 Raj
2 Prahlad
3 Trilochan
4 Gai
5 Panchganga
6 Ram
7 Manikarnika
8 Lalita
9 Mir
10 Man Mandir
11 Dasaswamedh
12 Rana Mahal
13 Kedar
14 Harishchandra
   (Verbrennungsstelle)
15 Hanuman
16 Shivala
17 Anandmayee
18 Tulsi
19 Assi
20 Nagwa

Varanasi (Benares)

1 km

Gyan-Vapi-Moschee
Mogulkaiser Aurangzeb ließ im 17. Jh. eine Moschee an Stelle eines Hindu-Tempels erbauen, mit 71 m hohen Minaretts.

Vishvanath-Tempel
Auf Dach und Turm glänzt es golden. Nicht-Hindus dürfen nur von Nachbarhäusern in die 2000-jährige Tempelstätte blicken.

MUSEUM

Bharat Kala Bhawan
Schöne frühe Bronzen, Varanasi-Brokate, Miniaturmalerei. *Mo–Sa 11–16 Uhr, verkürzt Mai/Juni, Campus der Benares-Hindu-Universität*

ESSEN & TRINKEN

Zahllose Imbisse im Altstadtgassengewirr oberhalb der Ghats. Bessere Restaurants in den guten Hotels.

Canton
Indische und westliche Küche, Garten. *Im Hotel Surya, The Mall, Cantonment Area, Tel. 0542/250 84 65, www.hotelsuryavns.com, €–€€*

EINKAUFEN

Brokat- und Seidenstoffe (Saris, Meterware) gibt es u. a. an der *Godoulia*, an der *Maqbool Alam Road*, in der *Vishvanath Gali*. Preisgünstig: *Ali Handicrafts, C19/19A-5 Lallapura (nahe Varuna Hospital)*.

ÜBERNACHTEN

Hotel Sun Shiv
Einfach, mit freundlichem, polyglottem Manager, ruhige Lage, mit Dachgarten, 15 Min. zu Fuß zum

Gläubige an den Ghats von Varanasi

Dasasvamedh Gath. *16 Zi., Jaddumandi Road, Tel. 0542/35 04 68, €*

Varanasi Ashok
Mit gutem Restaurant, Swimmingpool und Garten. *84 Zi., The Mall, Tel. 0542/25 01 42 14 28, Fax 234 80 89, €€€*

AUSKUNFT

Government of India Tourist Office
15B, The Mall, neben dem Hotel de Paris, Tel. und Fax 0542/250 17 84, www.incredibleindia.org

ZIEL IN DER UMGEBUNG

Sarnath [167 D3]
Hier hat Buddha, nachdem er in Bodhgaya erleuchtet wurde, seine erste Predigt gehalten. Im 3. Jh. v. Chr. ließ Kaiser Ashoka Schrein, Stupa und seine Herrschaftssäule mit den vier Löwen errichten, die bewundernswert gut erhalten neben der geheiligten Stätte ihren Platz im *Museum (Sa–Do 10–17 Uhr)* gefunden hat. Die *Ashoka-Säule* ist Staatssymbol der Indischen Union. *10 km nördlich von Varanasi*

Karawanenstädte im Wüstensand

**In Rajasthan werden Phantasien Wirklichkeit:
Forts voller Legenden, Lagerfeuer unterm Wüstenhimmel – ein indisches Tausendundeine Nacht**

Der Bundesstaat Rajasthan wird oft als Wüstenstaat bezeichnet. Wörtlich heißt Rajasthan »Land der Könige«. Früher konkurrierten 23 Fürstentümer. Die königlichen Rajputen waren stolz und kriegerisch, tatkräftig und ehrsüchtig. Der Indira-Gandhi-Kanal verwandelt die Wüste im Westen in fruchtbares Land. Ehedem hatten auch viele reiche Kaufleute ihren Sitz am Rand oder mitten in der Wüste. Ihre palastartigen Häuser *(Havelis)* mit filigranen Steinschnitzfassaden faszinieren bis heute.

Durch Rajasthan und auch durch Gujarat, den westlichsten Staat Indiens, rollen die historischen Luxuszüge der Maharajas. Die große Halbinsel Gujarat hat lange Strände, oft noch ohne jeden Tourismus, herrliche Tempel und einmalige Naturreservate. In Gujarat leben als einflussreiche, wenn auch winzige Minderheit die Jains. Sie haben die Tempelstadt Palitana, das »Weiße Wunder«, gebaut. Sie prägten die Ideen von Vegetarismus und Gewaltlosigkeit, die auch für Gandhi – 1869 in Gujarat in der

*Frauensache:
Wasserholen in der Wüste Thar*

Kamel zu verkaufen …

Hafenstadt Porbandar geboren und erzogen – zur Grundlage seiner Lehre wurden. Die Folgen des schweren Erdbebens, das im Jahr 2000 besonders Gujarat traf, fallen weithin nicht mehr ins Auge – bis auf die noch nicht behobenen schweren Zerstörungen im westlichsten Teil, in Rann of Kachchh.

Die schönsten Palmenstrände liegen an der Südspitze, aber sie gehören nicht zu Gujarat, sondern zu Diu, der kleinen Insel, die bis 1961 portugiesische Kolonie war.

AHMEDABAD

[164 C5] Prachtvolle Bauten in einem Mix aus hinduistischen und muslimischen Stilformen, Erinnerung an Mahatma Gandhi und wirtschaftlicher Brennpunkt: Das 1411 von Sultan Ahmed Shah gegründete Ahmedabad (sprich: Amdabad) hat eine bewegte Geschichte. Heute ist es ein modernes Handelszentrum. Leider belastet die Umweltverschmutzung viele Baudenkmäler der muslimischen Stadtgründer.

Im späten 19. Jh. erlebte die Stadt als ein Zentrum der Baumwollindustrie eine wirtschaftliche Blüte, die ihr den Beinamen »Manchester des Ostens« eintrug. Mahatma Gandhi lebte hier mehrere Jahre. Zu seiner Idee des zivilen Ungehorsams wurde er auch durch die Probleme der Textilarbeiter angeregt. Obwohl Ahmedabad (3,6 Mio. Ew.) seinen Status als Landeshauptstadt Gujarats 1960 an Gandhinagar (25 km nördlich) abgab, verdient es mehr denn je seinen zweiten Beinamen: »Gateway of Gujarat«.

SEHENSWERTES

Insider Tipp

Sabarmati Ashram

Am Ufer des Flusses Sabarmati gründete Mohandas Karamschand Gandhi 1915 einen Ashram. Hier versuchte Gandhi, mit seinen Anhängern nach den Grundsätzen des *Sathyagraha*, des »Ergreifens der Wahrheit«, zu leben. 1930 begann hier auch die wohl berühmteste Aktion zivilen Ungehorsams des Mahatmas: der »Salzmarsch« an die Küste Gujarats, mit dem er gegen eine Steuer der britischen Kolonialregierung protestierte. Mit etwas Glück begegnet man in der Gedenkstätte einem alten Sathyagrahi, der als Kind Gandhi traf und Besuchern die Bedienung des von Gandhi erfundenen Klappspinnrads zeigt. *Ashram Road, tgl. von Sonnenaufgang bis Sonnenuntergang*

Sidi-Saiyad-Moschee

Direkt neben einer Hauptverkehrsader ist das Gotteshaus von 1571 eine Oase der Ruhe. Das Prunkfenster ist mit seiner Baumdarstellung eines der schönsten Beispiele filigraner Marmorschnitzerei auf dem Subkontinent. Auch sehr schöne Gewölbedecken! *Zwischen Flussufer und Beginn der Relief Road*

MUSEEN

Calico Museum of Textiles

Wunderbare traditionelle indische Webkunst: Brokat, Seide, Stickereien, Teppiche sind ausgebreitet. Gebäude im artenreichen *Shahi Bagh* (Garten). Nur mit (kostenloser) Führung, *Do–Di 10–17 Uhr*

Lalbhai Dalpatbhai Museum/ NC Mehta Gallery of Miniatures

In einem Le-Corbusier-Bau mit dem Charme eines Bunkers kann eine einzigartige Sammlung von Miniaturen und Kunsthandwerk besichtigt werden. Bemerkenswert sind die buddhistischen Skulpturen der Gandhara-Schule (2.–5. Jh.) mit deutlich griechischem Einfluss. Fotografieren verboten. *Mo–Sa 11.30 bis 17 Uhr, auf dem Campus der Gujarat University, L. D. Institute of Indology Campus*

ESSEN & TRINKEN

Cactus Restaurant

Indische, europäische und chinesische Küche, Mo und Do abends Livemusik. *Im Hotel Mascot, Khanpur Road, Tel. 079/25 50 38 48, €€€*

Patang Revolving Restaurant

Genießen Sie 70 m über dem Sabarmati-Fluss die Aussicht und

hervorragende Kaschmirküche ! *An der Nehru Bridge, Tel. 079/ 26 57 77 09, €€*

EINKAUFEN

Wer im Altstadtbasar in der Nähe der *Jami Masjid*, der 1423 erbauten Hauptmoschee, Stoffe, Süßigkeiten und Silberschmuck ersteht, kann seine Handelskünste erproben (um *Relief Road* und *MG Road im Osten des Sabarmati*).

In der *Ashram Road* auf der Westseite des Flusses befindet sich der modernere Einkaufsbezirk. Beim staatlichen Emporium *Gurjari* können Sie Kunsthandwerk aus ganz Indien erstehen. Baumwollsaris, *Maheshwari* genannt, sind Ahmedabads Spezialität.

ÜBERNACHTEN

Le Meridien

Gutes Hotel mit Hallenbad, Sauna und zwei empfehlenswerten Res-taurants. *63 Zi., Khanpur Road, Tel. 079/25 50 55 05, Fax 25 50 55 01, www.lemeridien.com, €€ – €€€*

Goodnight

Gut gehaltenes und geführtes Haus mit indischer Küche. Gegenüber der Sidi-Saiyad-Moschee. *35 Zi., Dr. Tankaria Road, Tel. 079/ 25 50 69 98, €*

AUSKUNFT

Tourism Corporation of Gujarat Ltd.

H. K. House, gegenüber vom Bata Showroom. *Ashram Road, Tel. 079/26 58 91 72, Fax 26 58 21 83, www.gujarattourism.com*

ZIELE IN DER UMGEBUNG

Modhera   **[164 C4]**
Der dem Sonnengott Surya gewidmete Tempel ist mit seinen gut erhaltenen Skulpturen – teils erotische Darstellungen – eines der

---

MARCO POLO Highlights
»Jaipur und der Westen«

★ **Palast von Amber**
Auf Elefantenrücken hinauf zum fabelhaften Palastkomplex (Seite 69)

★ **Havelis**
Häuser in Jaisalmer, die von früherem Reichtum zeugen (Seite 70)

★ **Karni Fort**
Rajputenburg in Bambora, liebevoll in ein Hotel verwandelt (Seite 75)

★ **Junagarh Fort**
Üppige Pracht mit Gold, Kristall und Spiegeln im Fort von Bikaner (Seite 63)

★ **City Palace**
In Jaipur steht auf riesigem Areal ein Palast der Superlative (Seite 67)

★ **Shekawati**
Wüstenstädte mit Bildkunst an den Fassaden der Häuser (Seite 64)

schönsten Beispiele für die Sakralarchitektur seiner Zeit (älteste Datierung von 1026). Wie beim Sonnentempel von Konarak in Orissa fällt bei Tag-und-Nacht-Gleiche das erste Tageslicht auf das Gottesbildnis. *102 km nordwestlich*

Palitana [164 C6]

Wie verzaubert liegen die unzähligen weißen Schreine des Jain-Pilgerzentrums *Shatrunjaya* auf dem Tempelberg. Schon seit dem 4. Jh. ist der Berg heilig, die ältesten heute noch erhaltenen Tempel sollen aus dem 11. Jh. stammen. Staunend wandern die Besucher zwischen feinen, in den Stein getriebenen Skulpturen üppiger Tempeltänzerinnen, die mit Hunderten anderer Figuren die Wände schmücken. Im Inneren der Tempel stehen auf glatten Marmorböden die Bildnisse der *Tirthankaras*, der Furtbereiter.

Insgesamt sollen 863 Tempel auf dem 600 m hohen Berg stehen. Über 3300 breite Stufen führen den anderthalbstündigen Weg hinauf, am schönsten im ersten Morgenlicht. Man kann sich auch in einer *Doli* (Bambusstangen mit festem Tuch) tragen lassen. Utensilien aus Leder – sei es ein Uhrarmband oder eine Fototasche – sind nicht zugelassen. Für Speis und Trank sorgen in der Saison beim Aufstieg und am Eingang fliegende Händler. In der Abenddämmerung bleibt der heilige Hügel den Tempelgeistern überlassen *(tgl. 6–18 Uhr; Fotoerlaubnis am Haupteingang)*.

In der Kleinstadt Palitana am Fuß des Berges empfehlen sich das *Hotel Shrinath* mit 18 winzigen, einfachen, aber sehr sauberen Zimmern über einem Kaufhaus *(Natraj Complex, ST Road, Tel. 02848/*

225 42, €), und als kleines Heritage-Hotel der 4 km außerhalb im Dorf Gheti/Adpur-Palitana gelegene *Vijay Vilas Palace (6 Zi., €)*. Größere Hotels finden Sie im 50 km entfernten Bhavnagar. *217 km südlich*

Rani-ni-Vav [164 C4]

Nördlich von Modhera liegt ein Juwel hinduistischer Steinmetzkunst. *Vavs,* auch *Baori* genannt, sind Stufenbrunnen, die Mensch und Tier mit Schatten und Wasser versorgen sollten – für die wasserarmen Staaten Gujarat und Rajasthan typisch. Der *Rani-ni-Vav,* erbaut im 11. Jh. von Königin *(Rani)* Udaymati der Solanki-Dynastie, hat sieben Stockwerke und ist mit mehr als 800 Skulpturen verziert. *134 km nördlich*

BIKANER

[165 D1] Auch Bikaner (500 000 Ew.) hat den Schritt in die Moderne getan, schon vor mehr als hundert Jahren. Damals ließ Maharaja Dungar Singh das erste Elektrizitätswerk Rajasthans bauen, und sein Bruder und Nachfolger Ganga Singh (reg. 1887–1943) sorgte für Bewässerungskanäle und Krankenhäuser. Heute kann man bei Bikaner die einzige Kamelzuchtfarm Indiens besuchen. Bikaner ist hervorragend geeignet als Standquartier für Kamelsafaris und für Exkursionen zu den *gemalten Städten* im Nordosten. Immer noch ist Bikaner voller Basarzauber und reich an *Havelis,* den mit zisellertem Steinschmuck ausgestatteten Stadtresidenzen der Kaufleute (einige können besucht werden). Hauptattraktion bleibt das Junagarh Fort der Maharajas.

Junagarh Fort

★ Den wohl urtümlichsten der großen Rajasthanpaläste schmückt eine kunstvolle Innendekoration. Für den seit dem 15. Jh. erbauten Palast wurden Blattgold und Kristallglas, Spiegeleffekte, chinesische Tapeten und holländische Kacheln eingesetzt. Höhepunkte sind *Karan Mahal* (Audienzhalle), *Chandra Mahal* (Mondpalast) und *Anup Mahal* (Wolkenpalast) mit Gemälden und Miniaturen. Ein *Palastmuseum* erinnert an das glanzvolle Leben der Rathore-Maharajas. *Mo–Sa 10–16.30 Uhr*

Bikaner Government Museum

Zum 50-jährigen Regierungsjubiläum Maharaja Ganga Singhs 1937 errichtet, präsentiert das Museum u. a. archäologische Exponate, die Gemäldesammlung des Maharajas, kostbare Waffen und bunte Folklore. *Gandhi Park, Mo–Sa 10–17 Uhr*

Amber Restaurant

Vegetarische indische und kontinentale Küche. *Station Road, gegenüber dem Joshi Hotel, Tel. 0151/220 11 22,* €€

Bhanwar Niwas

Insider Tipp

Im Altstadt-Haveli einer traditionsreichen Marwarifamilie. Arkadenhof und opulent möblierte Zimmer. *26 Zi., Rampuria Street, Tel. 0151/220 10 43, Fax 220 08 80, www.bhanwarniwas.com,* €€

Lalgarh Palace Hotel

Maharajapalast mit Klimaanlage und Pool, Park und Billardsaal. *40 Zi., nordöstlich der Stadt, Tel. 0151/254 02 01, Fax 252 22 53, www.lalgarhpalace.com,* €€

Verschwenderische Pracht im Junagarh Fort von Bikaner

SAFARIS & TOUREN

Rajasthan Safaris & Treks
Kompetent geführte Kamel- und Jeeptouren durch die Wüste Thar. *Bassai House, Purani Ginani, Tel. 0151/254 37 48, Fax 52 43 21*

AUSKUNFT

Tourist Reception Center
Auch Vermittlung von Privatzimmern. *Goam Atithi, RTDC Hotel Dhola, Maru Campus, Major Puran Singh Circle, Tel. 0151/254 41 25, Fax 256 17 61, www.realbikaner.com*

ZIELE IN DER UMGEBUNG

Camel Research Farm   [165 D1]
Von weltweit rund 5 Mio. Kamelen ist etwa jedes siebte in Rajasthan zu Hause. Sie können die Tiere und ihre Pfleger besuchen. *Mo–Sa 15–17 Uhr, Eintritt frei. 10 km südöstlich*

Deshnok Karni Mata   [165 D1]
Insider Tipp
Selbst in Indien eine Ausnahme: der Rattentempel, ein Reservat für Hunderte von Ratten, in denen angeblich Dichter und Sänger fortleben. Darum trifft man in dem mit schweren Silbertüren geschmückten Tempel oft Musikanten. Merkwürdig ist, dass die täglich mit Nahrung versorgten Ratten sich nur in Maßen vermehren. *33 km südlich*

Shekawati   [165 D–E1]
★ Ruinenromantiker, Bilderbuchliebhaber und Entdeckernaturen sind in den Nordostdistrikten der Wüste Thar richtig. Eine Rundfahrt lohnt, z. B. von Mandawa über Bissau, Churu, Ratannagarh, Ramgarh, Fatehpur wieder zurück nach Mandawa. Kaum übersehbar ist in den sandüberwehten Städtchen der an Hausfassaden und Innenhöfen der großen Kaufherrenfamilien dargebotene Schatz teils naiver, teils professioneller Bildkunst aus dem 19. Jh.: Tänzerinnen und Götter, Dampfrösser und erste Automobile. Orientalisches Palastambiente bietet das *Hotel Castle Mandawa* *(51 Zi., Mandawa, Distr. Jhunjhunu, Shekawati-333704, Tel./Fax 01592/22 31 24, Reservierungen auch unter Tel. 0141/238 19 06, Fax 238 22 14, www.castlemandawa.com, €€).* *Insider Tipp*

DIU

[164 B6] Sandstrände und Palmenhaine, Wellenrauschen und salzige Luft: Die kleine Insel Diu an der Südküste Gujarats ist der richtige Ort, um sich für ein paar Tage am Meer zu entspannen. Wie Goa war Diu (40 000 Ew., knapp 40 km² groß) bis 1961 portugiesische Kolonie. Später wurde Diu zu einem Unionsterritorium. Während Gujarat Prohibitionsgebiet ist, kann man hinter der Grenze Dius gemütlich und legal Bier und Hochprozentiges konsumieren. Auch Gujaratis machen davon reichlich Gebrauch.

Dius Hafen war wichtig, denn von hier aus ließen sich die Seewege im Arabischen Meer kontrollieren, um die sich Osmanen, Portugiesen und muslimische Herrscher Indiens stritten. Im Jahr 1535 gelang es den Portugiesen, sich die Hoheit über Diu zu sichern. Sie blieben über 400 Jahre. Die Wiedereröffnung des 1961 bei der indischen Invasion zerstörten Flughafens hat Diu seine verträumte Atmosphäre nicht nehmen können.

Fort

Bereits 1541 wurde das portugiesische Fort fertig gestellt. Auf drei Seiten von Wasser umschlossen, macht es mit seinen kanonenbesetzten Mauern einen altertümlichen, wehrhaften Eindruck. Ein Teil des Komplexes wird als Gefängnis genutzt. *Tgl. 10–17 Uhr*

Kirchen

Von den drei Kirchen Dius dient nur noch eine ihrem ursprünglichen Zweck. *St. Paul's*, geweiht 1610, ist ein leuchtend weißes Gebäude mit einer kunstvoll ausgearbeiteten Fassade und einem schönen Altar. Die nahe gelegene *St. Thomas Church* beherbergt ein Museum mit Heiligenfiguren und Kircheninventar. Die benachbarte Kirche *St. Francis of Assisi* wurde zu einem Krankenhaus umgebaut.

Dew

🏃 In dieser Eisdiele werden seit 70 Jahren selbst hergestellte Köstlichkeiten verkauft. Sehr zu empfehlen: das Feigen-Walnuss-Eis. *Town Square, schräg gegenüber der Post*

Magico do Mar

🌠 Attraktiver Adelssitz der dreißiger Jahre. 14 Cottages, die neueren Gebäude weniger attraktiv. Sehr schöner Strand, Palmen und Ausblicke zur 3 km entfernten Stadt. Vorsicht beim Baden in der Brandung! *Diu Check Post, Ahmedpur Mandvi, Tel. 02875/25 25 69, Fax 25 25 69, compositehotels@hotmail.com, €*

Samrat

Zentrale Lage, sehr saubere, klimatisierte Zimmer. Gutes Restaurant. *7 Zi., in der Nähe des Gemüsemarkts, Tel. 02875/25 23 54 und 25 25 14, Fax 25 25 74, €*

Uma Shakti

Stadtadresse mit Dachterrasse, preisgünstigem Restaurant und Bar. *Südlich vom Gemüsemarkt, Tel. 02875/25 21 50, €*

Diu hat sechs Badestrände. *Ghoghla Beach* ist das Südufer des auf dem Festland gelegenen Teils Dius. Diu-Stadt mit seinen angestrahlten Kirchen ist von dort aus in der Dämmerung ein reizvoller Anblick. *Jallandhar, Chakratirth Beach* und *Sunset Point* liegen südwestlich von Diu-Stadt, von einem Fußmarsch dorthin ist in der Hitze allerdings abzuraten. Die Perle der Buchten von Diu ist die *Nagoa Beach*. Am weitesten abgelegen, am Westende der Insel: *Gomtimata Beach*. Alle Strände erreicht man für wenige Rupien mit Autorikschas oder Bussen. An den meisten gibt es keine Restaurants oder Imbissbuden.

Tourism Office

Diu Jetty, am Kai schräg gegenüber der Post, Tel. 02875/25 26 53, www.diuindia.com

Somnath   [164 B6]

Der Tempel von Somnath ist eines der bedeutenden Shiva-Heiligtümer. Er beherbergt einen der zwölf

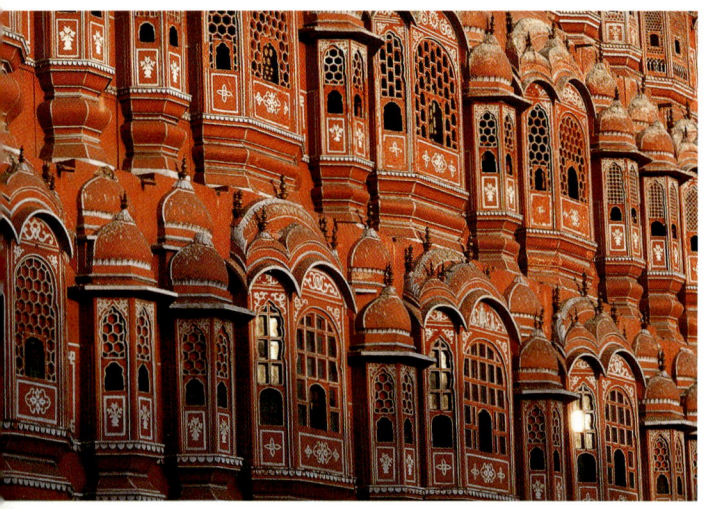

Hawa Mahal: Der Palast der Winde in Jaipur hat fast 900 Fenster

Jyoti Lingams (von der Natur geformte Lingams), ein Symbol der Lebenskraft. Die Lage an einer Landspitze über dem Meer ist eindrucksvoll. Der Tempel wurde immer wieder aufgebaut, wenn ihn von Norden einfallende Muslime zerstört hatten. Vor der ersten dokumentierten Plünderung 1024 durch Mahmud von Ghazni soll das Pilgerzentrum 2000 Brahmanen, 300 Musiker, 500 Tempeltänzerinnen und 300 Barbiere ernährt haben. Das jetzige Gebäude stammt von 1950. Relikte der alten Tempel sind im Museum an der Tempelstraße zu sehen, vor allem herrliche Skulpturen aus dem 10. und 11. Jh. *(Mo, Di, Do und Fr 10–12 und 15–18 Uhr). 90 km östlich*

JAIPUR

[165 E2] Als *Pink City* ist Jaipur (1,8 Mio. Ew.) bekannt, als rosafarbene Stadt. Der Palast und andere offizielle Gebäude wurden schon seit dem Gründungsjahr 1727 aus dem einheimischen rötlichen Gestein errichtet. Die übrige Altstadt erstrahlt erst seit 1883 (da kam Kronprinz Edward zu Besuch) in rosigem Glanz der traditionellen Willkommensfarbe. 1948 sollten die alten Stadtmauern und die Arkadenstraßen modernen Bauten weichen. Doch Staatspräsident Nehru stoppte persönlich den Abriss. Selbst in Gassen und schmalen Passagen ist Platz für Teppich- und Juwelenhändler. Abseits der touristischen Einkaufspfade liegt im Südosten der ummauerten Stadt das Viertel, in dem die Elefanten hausen. Tagtäglich tragen die Tiere in Begleitung der *mahouts* (Führer) Touristen zum Amber-Palast bergan und wieder bergab.

Die Hauptstadt des Bundesstaats Rajasthan ist längst über ihr altes Mauergeviert hinausgewachsen, erfrischt mit großzügigen Avenuen und Parks, bietet Museen und fabelhafte Ausflugsziele. Jaipur ist außerdem berühmt für seine Palasthotels. Von Delhi aus ist die Stadt mit dem *Shatabdi-Express* in etwas über vier Stunden zu erreichen.

SEHENSWERTES

City Palace

⭐ Dies ist ein echter Maharajapalast, denn die herrschaftliche Familie wohnt noch heute im siebenstöckigen Hauptgebäude *Chandra Mahal*. Doch auf dem 5 km² (!) großen Palastgelände in der Altstadt kann der Besucher Audienzsäle, Tore mit Pfauendekor, Säle voll der schönsten Miniaturmalerei bestaunen – und auch jene beiden mannshohen, massiven Silbergefäße, die exemplarisch den einstigen Lebensstil der Rajputen dokumentieren. Anno 1902 nämlich führte sie Sawai Madho Singh II. auf einer Londonreise mit sich, gefüllt mit heiligem Gangeswasser. *Palastmuseum tgl. 9.30–16.45 Uhr*

Hawa Mahal

🔶 Viel bewunderte Steinschnitz-Fassadenarchitektur in rötlichem Sandstein. 1799 erbaut, damit die in strenger Abgeschlossenheit lebenden Frauen des Hofes Gelegenheit hatten, das Straßenleben zu beobachten, ohne selbst gesehen zu werden. Durch Seitengassen gelangen Besucher zum Hintereingang des fünfstöckigen Gebäudes (auch Skulpturenmuseum). *Sa–Do 10–16.30 Uhr*

Jantar Mantar

Durch das Tripolia Gate kommt man Richtung Westen zum Freilichtobservatorium des Jai Singh aus dem 18. Jh. Was aussieht wie abstrakte Skulpturen, sind exakte Messinstrumente zur Beobachtung der Gestirne. Es lohnt sich, beim Tourist Office nach einem sachkundigen Führer zu fragen. *Tgl. 9 bis 16.30 Uhr*

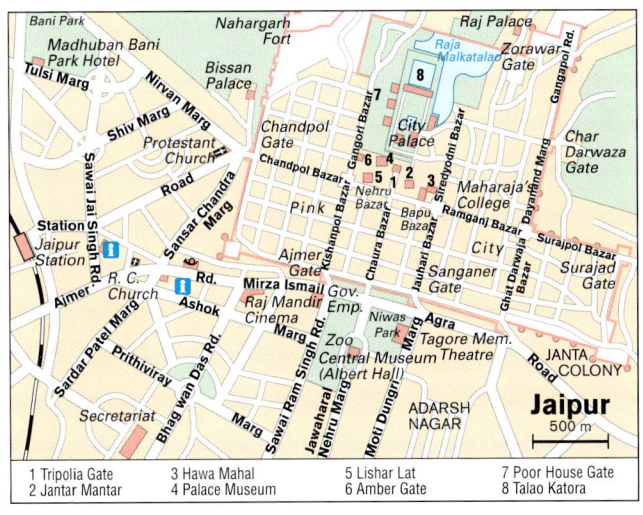

1 Tripolia Gate	3 Hawa Mahal	5 Lishar Lat	7 Poor House Gate
2 Jantar Mantar	4 Palace Museum	6 Amber Gate	8 Talao Katora

Seide oder Baumwolle, Kleider- oder Dekostoff – große Auswahl in Jaipur

MUSEUM

Central Museum (Albert Hall)
Reiche Sammlung von Juwelen, Trachten, Skulpturen, Musikinstrumenten, schönen Miniaturen. *Sa–Do 10–16.30 Uhr, Ram Niwas Garden, südlich der Altstadt*

ESSEN & TRINKEN

Chanakya
Große vegetarische *thalis. 4, A. B. Kashi Bhawan, Mirza Ismail Road, Tel. 0141/237 61 61,* €€

Natraj
Klein und gemütlich. Schmackhafte Multicuisine (vegetarisch). *M. I. Road, Tel. 0141/237 58 04,* €

Niro's
Indische *(tandoor)* und internationale Küche, gute Auswahl. Hell, klimatisiert, fast elegant – darum sehr beliebt bei indischen Geschäftsleuten und Touristen aus aller Welt. *Mirza Ismail Road, Tel. 0141/ 237 44 93 und 221 85 20,* €€€

EINKAUFEN

In den Basaren der Altstadt kann man tagelang stöbern. Im *Johari Basar* bieten zahllose Juweliere Kostbarkeiten an, lohnend sind auch Kleidung, Stoffe und Keramik. Gewarnt wird in Jaipur vor Bezahlung mit Kreditkarten (Missbrauch!).

Bhuramal Rajmal Surana
Spitzenadresse für Diamant-, Rubin- und Smaragdschmuck – der Showroom ist ein Erlebnis. *Lal Katra, Johari Basar, auch D 68, J. L. N. Marg*

Inside Tipp

Rajasthan Craft Industries
Teppiche und Kunsthandwerk in großer Auswahl. *45, Haji Jumma Colony, Amber Road*

ÜBERNACHTEN

Atithi
Gästehaus mit Dachterrasse und vegetarischem Restaurant, freundlicher Service. *1, Park House Scheme, Tel. 0141/237 86 79, atithijaypur@hotmail.com,* €

Bissau Palace

Altstadtpalast in einem Garten. Bibliothek, Pool, Museum, angenehm indisch. *52 Zi. (AC), am Chandpol Gate, Tel. 0141/230 43 71, Fax 230 46 28, www.bissaupalace.com, €*

Madhuban Bani Park

sider pp

Gepflegtes Ambiente, Garten, sehr freundlich. *20 Zi. (AC), D-237, Behari Park, Tel. 0141/220 54 27, Fax 220 23 44, www.madhuban.net, €*

Narain Niwas Palace

Rajputenpalast. Großer Garten, Pool, 31 geräumige Zimmer, teils AC. *Kanota Bagh, Narain Singh Road, Tel. 0141/256 12 91, Fax 256 10 45, www.hotelnarainniwas.com, €€*

Rajvilas (Oberoi)

Luxushotel mit Villen in opulenten Gärten, prinzlichem Speisesaal, großem Swimmingpool, Wellness- und Ayurveda-Einrichtungen, Butlerservice. *72 Zi. und Suiten, Goner Road, Tel. 0141/268 01 01, Fax 268 02 02, www.oberoihotels.com, €€€*

Rambagh Palace (Taj Group)

Ehemaliger Sommerpalast des Maharajas. Menüs im goldgeschmückten Saal, *tea time* auf der Terrasse, Golf, Tennis, Pool. *113 Zi. und Suiten, Bhawani Singh Road, Tel. 0141/221 19 19, Fax 238 50 98, rambagh.jaipur@tajhotels. com, €€€*

AM ABEND

Raj Mandir

Im riesigen Filmpalast schmachtet das Publikum mit. *Bhagwan Das Road*

AUSKUNFT

Government of India Tourist Office

Tgl. 9–18 Uhr, Hotel Khasa Kothi, M. I. Road, Tel. 0141/237 22 00, indtourjpr@raj.nic.in

ZIELE IN DER UMGEBUNG

Palast von Amber [165 E2]

★ Faszinierender Kontrast zwischen dem kahlen Bergrücken

In luftiger Höhe: Siegeshalle des Palastes von Amber

und der Palastarchitektur mit Marmor, Spiegeln und Säulen. Stilgerecht reitet man auf einem Elefanten zum Palast hinauf (beim Aufsteigen hilft ein Podest). Seit 1592 wurde gebaut und ergänzt. *Ganesh-Pol* (Tor), *Audienz-Halle, Sukh Niwas* (mit raffinierter Luftstromkühlung), *Shish-Mahal* (Spiegelpalast) sind die Hauptattraktionen. Hoch oben auf dem Berggipfel steht das leere, aber trutzige *Fort Jaigarh. Tgl. 9–16.30 Uhr. 11 km nördlich*

Galta [165 E2]

🏃 Viel besuchtes Pilgerzentrum mit renovierten Tempeln und Palastbauten, in einem steil ansteigenden Tal mit Naturbad – und einer Kohorte von Languren. *11 km östlich*

Sariska National Park [165 E2]

Beliebtes Ziel von Wildlife-Beobachtern. Antilopen, Leoparden, sogar Tiger, viele Vogelarten leben im 480 km^2 großen Park. Auch im renovierten *Sariska Park Palace* lässt es sich gut leben *(101 Zi. mit AC, Tel. 0144/24 13 22, www.sariska.com, €€–€€€). 110 km nördlich*

JAISALMER

[164 B2] Von Jodhpur aus fährt man 300 km durch die mit spärlichen Büschen bewachsene Halbwüste Thar. Bevor die von gelben Mauern umgebene Stadt (50 000 Ew.) auftaucht, sieht man das mächtige Fort der einstigen Karawanenstation wie eine Zauberburg auf einem Felsen über der kahlen Umgebung thronen. Reiche Kaufleute bewohnten hier ihre Stadtpaläste *(Havelis)*, bis durch Schiffsverkehr und Eisenbahn die Waren auf anderen Wegen transportiert wurden. Seit der Teilung von Indien und Pakistan 1947 ist die Stadt militärstrategisch wichtig. Und seit den 1970er-Jahren hat der Fremdenverkehr an Bedeutung gewonnen. Heute ist Jaisalmer das Zentrum des Wüstentourismus in Rajasthan. Die Stadt bezaubert mit ihren vielen steingeschnitzten Fassaden, mit Ladengewölben wie aus Tausendundeiner Nacht und Kamelreitern, die zu Expeditionen in die Sanddünenweite animieren.

SEHENSWERTES

Fort

◁▷ 75 m hoch ist der Berg in der Altstadt, auf dem der labyrinthische, siebenstöckige Palast aufragt, mit Jain- und Hindu-Tempeln – und mit bewundernswerten Steinschnitzereien. *Tgl. 8–13 und 15–17 Uhr*

Garhisar-See/Gadi Sagar

Der schon im 14. Jh. künstlich in der Wüste angelegte See ist umgeben von Hindu-Tempeln und Pavillons. Zum See und zu den Tempeln führt ein prächtiges Tor, das angeblich von einer Kurtisane gestiftet wurde. Die sittenstrengen Honoratioren wagten es nicht abzureißen, weil in weiser Voraussicht ein kleiner Tempelschrein integriert worden war. Benachbart ist ein privates *Folkloremuseum (tgl. 8–12 und 15–18 Uhr). Südöstlich der Stadt*

Havelis

★ Vom Können der Steinschnitzer zeugen die Häuser der reichen Kaufleute. Besichtigungen möglich im *Patwon Ki Haveli* (im Norden der Altstadt), im *Salim Singh Ki Haveli* (nahe dem Fort-Eingang) und *Nathmalji Ki Haveli* (im Norden).

ESSEN & TRINKEN

Narayan Niwas Palace
Alte Karawanserei. *Malka Prol, Tel. 02992/25 24 08, www.narayanniwas.com, €€€*

Trio
Multicuisine, Livemusik. *Amar Singh Pol, Gandhi Chowk, Tel. 02992/25 27 33, €€*

ÜBERNACHTEN

Himmatgarh Palace
Mit Pool und Garten. *40 Zi. (AC), 1, Ramgarh Road, 2,5 km außerhalb der Altstadt, Tel. und Fax 02992/25 20 05, himmatgh@sancharnet.in, €€*

Fort Rajwada
Opulenter Neubau in traditionellem Stil, mit delikaten Büffets, Bar, Pool, Ayurveda, Billard, Läden. *69 Zi. und Suiten, Jodhpur-Barmer Link Road, Tel. 02992/25 46 09, Fax 25 37 33, www.fortrajwada.com, €€*

Moomal Tourist Bungalow (RTDC)
Altstadtnahe, attraktive Rundhütten, Hauptbau nüchtern. *51 Zi., Amar Sagar Road, Tel. 02992/25 23 92, Fax 25 60 36, €*

AUSKUNFT

Tourist Office
Station Road, Gadi Sagar Pol, Tel. 02992/25 24 06

ZIEL IN DER UMGEBUNG

Wüste Thar [164 A–C 1–3]
Mehrtägige Kamelsafaris mit Übernachtung unter freiem Himmel sind ein Abenteuer. Zur Sicherheit soll-

Farbenfroh: Markt in Jaisalmer

ten Sie Trinkwasser mitnehmen, eine Kopfbedeckung sowie warme Kleidung für die Nacht. Beim ersten Ausritt kann der Passgang der Kamele gewöhnungsbedürftig sein.

JODHPUR

[164 C2] Die zweitgrößte Stadt Rajasthans (800 000 Ew.) fasziniert mit Basaren, mittelalterlichen Toren und einem riesigen Fort über traumblau bemalten Häusern – darum wird sie auch *Blue City* genannt. Der Weg in die Moderne begann im 19. Jh., als Maharaja Jawant Singh westliche Errungenschaften etablierte und z. B. ein Eisenbahnnetz bauen ließ.

SEHENSWERTES

Mandore Gardens
Bevor Jodhpur 1459 von den Rathore-Rajputen gegründet wurde, hatten sie ihre Residenz hier in Mandore. Davon ist nicht mehr viel zu sehen, aber das subtropische Parkgelände ist zauberhaft schön. Sehenswert sind auch die im 18. Jh. aus dem Fels gemeißelten Hindugötter und -helden, die restauriert wurden *(Hall of Heroes).*

Tgl. Sonnenaufgang bis -untergang, 8 km nördlich der Stadt

Meherangarh Fort

Die Marwar-Herrscher hatten den Status von Maharajas und taten alles, um den Mogulkaisern von Agra und Delhi zu trotzen. Darum bauten sie das Fort zu einer der stärksten Festungen aus. Im Inneren überraschen die Zartheit der Steinschnitzarbeiten, der marmorne Krönungsthron mit den goldenen Elefanten, *Insider Tipp* die überreichen Kunstsammlungen und das Samtzelt. *Tgl. 9–17 Uhr*

ESSEN & TRINKEN

Kalinga

Nordindische Küche. *Im Ardash Niwas Hotel, Station Road, Tel. 0291/ 262 73 38, €€*

EINKAUFEN

Spezialitäten sind Reithosen, Antiquitäten, Stoffe in Bindebatik und Gewürze. *Sardarpura Basar*

ÜBERNACHTEN

Karni Bhawan *Insider Tipp*

Ruhig, mit geschmackvoll indischer Einrichtung, Pool und Gartengrill-Restaurant. Sehr freundlich. *32 Zi., Defence Lab Road, Ratanada, Tel. 0291/251 21 01, Fax 251 21 05, www.karnihotels.com, €€*

Marudhar Hotel

Bewährte Adresse, wenn man nicht so viel Geld ausgeben möchte. Angenehmer Innenhofgarten. *14 Zi., Raikabagh, nahe dem Bahnhof, Tel. 0291/243 20 61, www.marwarubp @sify.com, €*

Umaid Bhawan (WelcomHeritage)

Maharajapalast im Art déco aus der ersten Hälfte des 20. Jhs., inmitten weiter Rasenflächen. Golf, Reiten, Billard, Hallenbad, nobles Restaurant, Palastmuseum und Health Club. *96 Zi. und Suiten, Tel. 0291/ 251 01 01, Fax 251 01 00, www. tajhotels.com, €€€*

Jodhpur, die »Blaue Stadt«, liegt am Rand der Wüste Thar

AUSKUNFT

Tourist Reception Center
Auch Listen mit *Paying-Guest*-Angeboten (Privatzimmer). *Beim Ghoomar Hotel, High Court Road, Tel. 0291/254 50 83*

Mount Abu

[164 C4] Auf Serpentinen kurvt der Wagen durch großartige Felslandschaft zu Rajasthans einziger *hill station* hinauf, dem rund 1200 m hoch in den Aravalli-Bergen gelegenen Mount Abu (22 000 Ew.). Jeden Sommer suchen Tausende Zuflucht vor der Hitze der Ebene. Gäste rudern auf dem Nakki-See, feiern ihren Honeymoon oder suchen den Sunset Point auf.

SEHENSWERTES

Dilwara-Tempel der Jains
Die offenen Tempelhallen sind wahre Wunderwerke der Marmorbildhauerkunst (11.–18. Jh., Hauptbauzeit 13. Jh.). Dargestellt sind Hunderte von Jain-Heiligen und Tänzerinnen, dazu ornamentaler Schmuck in verschwenderischer Fülle. Dennoch bordet die Fülle nicht über, die Kunst der Jains vereint die Vielzahl der Variationen in einem Kosmos von rationaler Schönheit. Fotografieren verboten, keine Ledersachen. *5 km vom Zentrum der Stadt*

ESSEN & TRINKEN

Handi
Angenehmes Restaurant mit großer Auswahl. *Im Hilltone Hotel, nahe Tankstelle, Tel. 02974/28 83 91, €*

ÜBERNACHTEN

Palace Hotel
Heritage-Hotel im einstigen Sommerpalast des Maharajas von Bikaner, inmitten eines großen Parks. Gründlich renoviert, angenehmes Restaurant. Auch Tennis, Billard. *38 Zi., Dilwara Road, Tel. 02974/23 86 73, Fax 23 86 74, bikhouse@sancharnet.in, €€€*

Shikhar Hotel RTDC
Gute Hügellage, besonders empfehlenswert: die Cottages. *82 Zi., östlich der Tourist Reception, Tel. 02974/23 89 44, Fax 23 89 00, www.rajasthantourism.in, €*

AUSKUNFT

RTDC Tourist Reception Centre
Vermittlung von Tempelführungen. *Gegenüber der Bushaltestelle, Tel. 02974/23 81 51*

Pushkar

[165 D2] Ein Hügel, bekrönt von einem Brahma-Tempel, dazu ein See, der seit je als heilig gilt, an seinen Ufern Treppen für die Betenden, rundum eine weiße Stadt, und das alles von steinigem Wüstenboden umgeben – das ist der Ort, sagt die Legende, an dem Brahma eine Lotusblüte fallen ließ, auf der Suche nach einem Opferplatz. Pushkar (12 000 Ew.) zieht viele an, aber Ladengedränge und Profitgier nehmen überhand. Zum bunten Kamelmarkt *Kartik Purnima* beim ersten Novembervollmond ist alles ausgebucht, auch die Zeltstädte für Pilger und die Zelte à la Maharaja für verwöhnte Besucher.

Der Kamelmarkt in Pushkar lockt jedes Jahr viele Zuschauer an

Jagat Singh Palace Hotel

Am Ortsrand im traditionellen Stil neu erbaut, mit dekorativer Restauranthalle. *36 Zi., Tel. 0145/ 277 29 53, Fax 277 29 52, www. hotelpushkarpalace.com, € – €€*

Pushkar Palace

Heritage-Hotel am See, einige kleinere Räume sind sehr preiswert. Restaurant, engagierter Service. *36 Zi., Tel. 0145/277 20 01, Fax 277 22 26, www.hotelpushkarpala ce.com, € – €€*

Tourist Information Center
Beim Hotel Sarova, südöstlich am See

UDAIPUR

[165 D4] Die einstige Hauptstadt des Landes Mewar ist eine der schönsten Städte Indiens. 577 m über dem Meer liegt sie zwischen bewaldeten Hügeln der Aravalli-Berge an den Ufern mehrerer Seen, Paläste spiegeln sich im Wasser, und das Klima ist milder als in den Wüstengebieten Rajasthans. Udaipur (500 000 Ew.) wurde im 16. Jh. von einem Herrscher der gefeierten Sisodia-Dynastie gegründet. Nach dem tragisch-heldischen Ende von Chittorgarh im Kampf gegen die Moguln wurde es deren Residenz. Wie in Jaipur wurden viele Paläste in Hotels umgewandelt.

Stadtpalast

Vier Jahrhunderte wurde an dem größten Palast Rajasthans gebaut. Noch heute bewohnt die Sisodia-Familie einen Teil des riesigen Stadtpalastes. Ein anderer Teil wurde zum luxuriösen *Shivniwas Hotel* mit elegantem Restaurant, außerdem birgt der Palast ein weitläufiges *Museum (Sa–Do 10–16.30 Uhr)*.

MUSEUM

Bharatiya Lok Kala Mandal

Sehr interessantes Volkskundemuseum: Dokumentationen der *tribals*, auch Vorführungen von Tanz und Puppenspielen. *Tgl. 9–18 Uhr, nördlich vom Chetak Circle*

ESSEN & TRINKEN

Außer in den besseren Hotels finden sich um den *Chetak Circle* in der Neustadt Restaurants mit Multicuisine: *Berry's, Chetak, Kwality,* alle €.

ÜBERNACHTEN

Jagat Niwas

Maharaja-Ambiente zu bezahlbarem Preis, sehr freundlich. *21 Zi., 24–25 Lalghat, Tel. 0294/41 55 47, Fax 56 01 81, Fax 241 85 12, www. jagatniwaspalace.com, €*

Lake Pichola Hotel

Die Aussicht auf die Stadt von den Balkonen direkt über dem See ist fabelhaft. *25 Zi., Outside Chadpole, Tel./Fax 0294/41 05 75, €€*

Taj Lake Palace Hotel

Eines der weltberühmten indischen Hotels: Wie ein weißes Schiff wirkt der Inselpalast, der 1746 vom Maharana Jagat Singh II. als Sommerresidenz gebaut wurde. Fürstliche Atmosphäre und Einrichtung. *81 Zi., Tel. 0294/252 88 00, Fax 252 87 00, www.tajhotels.com, €€€*

AUSKUNFT

Tourist Reception Centre

Fateh Memorial Building, beim Suraj Pol, Tel. 0294/241 15 35

ZIELE IN DER UMGEBUNG

Chittorgarh   [165 D3]

Hoch über steilen Felsen zeugen die Ruinen der im 17. Jh. aufgegebenen Stadt vom Ruhm der Mewar-Bevölkerung, die es bei drei Eroberungen durch die Muslime vorzog, kollektiv Selbstmord zu verüben statt sich gefangen zu geben. Ein 37 m hoher Siegesturm ist mit Reliefs und Skulpturen erhalten. Gute Unterkunft: *Hotel Padmini (48 Zi., Tel. 01472/24 19 97, Fax 25 67 17, hotelpadmini@rediffmail.com, €€). 112 km nordöstlich*

Bambora   [165 D4]

Authentisches Dorf mit 250 Jahre alter Burg in schöner Hügellage, fern von jeder Hektik. Reit- und Jeepexkursionen bietet das luxuriös restaurierte ★ *Karni Fort (Swimmingpool, 32 Zi., Tel. 0291/251 21 01, Fax 251 21 05, www.karnihotels. com, €€). 40 km südöstlich*

Ranakpur   [165 D3]

Die weißen Jain-Tempel von Ranakpur aus dem 15. Jh. *(tgl. 12–17 Uhr)* zählen zu den Höhepunkten indischer Architektur und Steinschnitzkunst. Mit ihren Hunderten von Säulen und den Galerien der Jain-Heiligen sind sie vergleichbar nur den Dilwara-Tempeln von Mount Abu. Das wenige Kilometer entfernte *Bungalowhotel Maharani Bagh Orchard (18 Zi., AC, Maharaja Heritage Resort, Ranakpur, V/PO Sadri, Via Faina, Reservierung: Welcomnet Offices New Delhi, Tel. 011/ 26 14 53 52, Fax 26 14 61 47, www.welcomheritage.com, €€)* gilt unter Naturfreunden als eine der besten Adressen Nordindiens. *160 km nördlich*

Bollywood und Buddhastätten

Die modernste Stadt Indiens, jahrtausendealte Tempelarchitektur und unentdeckte Strände

Staatlich propagiert: die Kleinfamilie

Bombay heißt seit 1995/96 offiziell Mumbai und besinnt sich damit wieder auf eigene Tradition statt der von den Kolonialherren eingeführten Namen. Die Hauptstadt des Staates Maharashtra sorgt bei der ersten Ankunft regelmäßig für einen Kulturschock. Das Manhattan Indiens hat durch die Hochhäuser von Banken und Industriefirmen eine amerikanische Skyline bekommen. Aber zu ebener Erde zeigt die Megastadt am Arabischen Meer auf Märkten und Plätzen, in Filmstudios (deshalb Bollywood) wie in Nobelhotels, in der Architektur wie in den Kochtöpfen Indiens eine faszinierende Mischung westlicher und orientalischer Lebensart.

Der Staat Maharashtra ist fast so groß wie Deutschland. Während das schmale Küstenland der Konkan Coast fruchtbar ist und einige Strände hat, die der Tourismus derzeit gerade entdeckt, ist das Hochland ein Herzstück indischer Kultur. In den Höhlentempeln von Aurangabad, Ellora und Ajanta wird das künstlerische Erbe des Buddhismus und frühen Hinduismus sichtbar. Noch im 17. Jh. er-

hob sich in Maharashtra unter dem Volkshelden Shivaji der Hindu-Widerstand gegen die muslimischen Moguln. Noch viel älter ist die Tradition der Burgen – rund 350 an der Zahl. Im 20. Jh. zog Bhagwan Shree Rajneesh (Osho) Anhänger aus aller Welt in seinen Ashram nach Pune (Poona).

Andhra Pradesh – kaum kleiner als Maharashtra – ist reich an kostbaren Tempelstätten und wichtigen Zeugnissen des frühen Buddhismus. Der Bundesstaat hat auch Naturschönheiten wie lange, vom Tourismus unberührte Strände, Berge, *hill stations* und Höhlen zu bieten. Die Hauptstadt Hyderabad mit dem imposanten Golconda Fort ist das Hauptreiseziel der Region, aber es entstehen neue Straßen und Hotels im touristischen Bündnis mit den südlichen Nachbarstaaten.

Victoria Terminus in Bombay: jeden Tag Ziel Tausender Pendler

AURANGABAD

[171 D2] Die angenehm weiträumige Stadt mit 600 000 Ew. wurde 1610 gegründet und erst später nach dem Mogulkaiser Aurangzeb benannt, der sie 1653 zu seiner Hauptstadt erhob. Aus seiner Zeit sind einige Baudenkmäler und auch sein Grab erhalten. Von der modernen Industrie- und Universitätsstadt erreichen Sie die berühmten Tempelstätten Ajanta und Ellora in Tagesausflügen. In beiden Orten gibt es nur einfache Unterkünfte.

SEHENSWERTES

Aurangabad-Höhlen

★ Inmitten der Tafelberge nördlich von Aurangabad sind neun Kulthöhlen mit monumentalen Skulpturen und Reliefs erhalten, zumeist aus dem 7. Jh. Die Tänzerinnen- und Musikantenszene in Höhle 7 und Buddhas Parinirvana, sein Eingehen ins absolute Sein (Höhle 9), sind die hervorragendsten Darstellungen. *Sonnenaufgang bis Sonnenuntergang. 7 km nördlich*

Bibi-Ka-Maqbara

Mogulkaiser Aurangzeb wollte imposanter bauen als sein Vater Shah Jahan, der das Taj Mahal errichten ließ – und dabei weniger Geld ausgeben. Das Mausoleum seiner Gemahlin Rabia-du-Daurani ist immerhin ein gutes Beispiel der Mogul-Architektur im Dekkan-Hochland.

Insider Tipp **Pan Chakki**

Am Khan River liegt das Grab des von Aurangzeb verehrten Sufi-Heiligen Shah Muzafir, daneben die wassergetriebene Getreidemühle (Pan Chakki, von 1696) – ein idyllischer Platz.

ESSEN & TRINKEN

Am besten sind die Hotelrestaurants.

Food Lovers

Stil- und stimmungsvolles Gartenrestaurant mit nächtlicher Kerzen-Illumination, auch Punjab- und China-Küche. *Station Road East,* €€

ÜBERNACHTEN

Ambassador Ajanta

Komforthotel mit schönem Garten, Gutes Restaurant, Pool, Tennis. 4 km außerhalb des Zentrums. *96 Zi., Airport Road, Chikalthana, Tel. 0240/248 52 11, Fax 248 43 67, www.ambassadorindia.com,* €€

Shree Maya

Freundlicher Service, Restaurant. *23 Zi. (8 mit AC), Basilal Nagar, hinter dem Tourist Office, Tel. 0240/ 233 30 93, Fax 562 20 96, email shreemaya_edg@sancharnet.in,* €

Taj Residency

Luxusherberge in modernem Palaststil mit Pool und gepflegten Gärten. *40 Zi. und Suiten, 8-N-12, Cidco, Tel. 0240/238 11 06, Fax 238 10 53, ww.tajhotels.com,* €€€

ZIELE IN DER UMGEBUNG

Ajanta **[171 E1]**

Das hufeisenförmige Felsrund über der tiefen Schlucht des Waghora-Flusses wählten buddhistische Mönche im 2. Jh. v. Chr. für eine Klosteranlage, die im Laufe von tausend Jahren in immer neue Höhlen in die Vulkanfelswand gemeißelt wurde. Wegen ihrer überragenden Skulpturen und noch immer farbstarken Wandgemälde mit Darstellungen von Buddha-Legenden und des höfischen Lebens der Gupta-Dynastie wurden die 29 Höhlen 1983 zum Welterbe erklärt. (Übrigens sind sie erst vor etwa zwei Jahrhunderten wieder entdeckt worden.) Beachten Sie besonders die Skulpturen in den Höhlen 1, 4, 17, 19, 26 und die Gemälde in 1, 2, 16, 17, 19. Helfer leuchten Besuchern in den Höhlen mit Taschenlampen oder mit reflektierenden Spiegeln *(Di–So 9–17.30 Uhr; Eintritt 10 Dollar, manche Höhlen kostenlos). Rund 100 km nordöstlich*

Daulatabad [171 D2]

Unter den indischen Forts des Mittelalters und der frühen Neuzeit ist die um 1340 erbaute Burg von Daulatabad (Stadt des Glücks) eine der unheimlichsten: voller tückischer Überraschungen für jeden Gegner, von eisernen Dornen über vergiftetes Wasser bis zu den dunklen, verwinkelten Stollen auf dem Weg zur ♨ Oberburg. Von dort genießen die Besucher einen herrlichen Ausblick. Übrigens zwang der damalige Sultan von Delhi, Shah Mohammed Tughluq, 1338 die Bewohner Delhis zu einer 1100 km langen Wanderung nach Daulatabad, die seine neue Hauptstadt werden sollte. Schon 17 Jahre später mussten sie sich jedoch auf den Rückweg nach Delhi machen *(tgl. 6–18 Uhr). 14 km nordwestlich*

Ellora [171 D2]

★ Bauen in umgekehrter Richtung: nicht Steine aufeinander türmen, sondern einen mächtigen Felsen von oben angehen und alles mühevoll wegmeißeln, was bei einem Gebäude überflüssig ist, sodass vom Felsen nur Innenraum, Treppe, Dach usw. stehen bleiben. So schufen die Mönche den kunstvoll skulptierten *Kailash-Tempel,* der mit 60 m Höhe als der mächtigste Monolith-Bau (aus einem Stein gemacht) der Welt gilt. Der Kailash-

---

MARCO POLO Highlights
»Bombay und die Mitte«

★ **Ellora**
Der Kailash-Tempel wurde als Monolith aus dem Felsen herausgemeißelt (Seite 79)

★ **Crawford Market**
Offiziell Mahatma Jyotiba Phule Market: die »Hallen« von Bombay (Seite 82)

★ **Aurangabad-Höhlen**
Kulthöhlen abseits vom Tourismusbetrieb (Seite 78)

★ **Taj Mahal Hotel**
Eines der besten Hotels der Welt (Seite 85)

★ **Golconda Fort**
Gigantische Mauern und ein Wunder der Akustik (Seite 88)

★ **Elephanta**
Tropische grüne Insel mit Höhlentempeln (Seite 86)

Aus dem Fels herausgemeißelt: die Tempel und Klöster von Ellora

Tempel – der Berg Kailash ist der Sitz des Gottes im fernen Himalaya – besteht aus dem Schrein für Nandi, den Bullen Shivas, und dem Haupttempel für den Lingam, das Shiva-Symbol. Außerdem lohnend sind die *Buddhistischen Höhlen* Nr. 1–12, die *Hindu-Höhlen* Nr. 13–29 und die *Jain-Höhlen* Nr. 30–34. Beste Reisezeit ist Oktober bis März, beste Tageszeit ist wegen des Lichts der Nachmittag. *Di–So 9–17.30 Uhr, Kailash-Tempel Eintritt 10 Dollar, Höhlen teils frei. 30 km nordwestlich*

Insider Tipp

BOMBAY (MUMBAI)

Karte in der hinteren Umschlagklappe

[170 C2] Salaam Bombay! Mit diesem Willkommensgruß aus dem bekannten Film beginnt für viele Touristen der erste Tag in Indien. Und das bedeutet: Sie erleben das pulsierende, schrille Leben einer indischen Megastadt, bevor sie mit indischer Landschaft, mit Kunst und religiöser Kultur Bekanntschaft machen. Nirgendwo sind Indiens Kontraste intensiver als hier. Bombays Slums zählen zu den schlimmsten, aber am *Malabar Hill* gibt es angeblich mehr Millionäre als in Manhattan. Wie eine Kinokulisse umgibt einen die Hinterlassenschaft der Briten: Bahnhöfe, Museen und Postämter in einem Mix viktorianisch-neogotisch-indosarazenischer Stile. Um Tempel, Moscheen und Märkte dröhnt der Verkehr und droht Bombay in Abgasschwaden zu ersticken.

Bombay ist Indiens wirtschaftliches Zentrum. Fast die Hälfte aller im ganzen Land eingenommenen Steuern sollen hier gezahlt werden. Aber bisher ist noch jede Stadtverwaltung mit ihren Versuchen gescheitert, Massenelend und Wohnungsmangel, Prostitution und Kriminalität wirksam einzudämmen. 12 Mio. Menschen leben offiziell in der bevölkerungsreichsten Stadt Indiens. Weitere 3 Mio. pendeln regelmäßig aus den Vororten. Früher wohnten auf den Inseln *Kolis*, Fischer, die sich als Hilfsarbeiter verdingen mussten und dann *Kulis* genannt wurden.

1534 überließen Muslimfürsten die Insel Salsette und sieben weitere unbedeutende sumpfig-salzige Inseln den Portugiesen. Sie nannten ihre neue Besitzung *Bom Bahia,* »schöne Bucht«, in zufälligem Gleichklang mit dem der Hindu-Göttin Mumba, die auf einer Insel verehrt wurde – daher der jetzt neu-uralte Name Mumbai für die Stadt, die sich in viereinhalb Jahrhunderten so radikal verändert hat.

1661 wurde Bombay britisch. Seither wurden die Inseln durch Landaufschüttungen zu einer großen Halbinsel verbunden – noch heute ringt man dem Meer Land ab. Kaufleute und Händler aus vielen Teilen Indiens sowie Anhänger verschiedener Religionen – Parsen, Jains, Muslime, Sikhs – siedelten sich mit den Hindus in der neuen Niederlassung an, die König Charles II. an die *East India Company* verpachtet hatte. Handel und Industrie boomten nach dem Bau der ersten Eisenbahn 1853. Seit der Suezkanal den Seeweg nach Indien stark verkürzt, stieg Bombay in der zweiten Hälfte des 19. Jhs. zum führenden Seehafen Britisch-Indiens auf.

Die Parsen, heute eine der kleinsten, aber einflussreichsten Religionsgemeinschaften Bombays, wanderten schon im 7. Jh. aus Persien nach Indien ein. Parsische Küche wird in vielen Restaurants Bombays angeboten. Eine Besonderheit der parsischen Kultur: Ihre Toten werden weder beerdigt noch verbrannt, sondern bei den Türmen des Schweigens nahe dem Malabar Hill ausgesetzt.

Bombay: Der architektonische Stilmix entspricht der ethnischen Vielfalt

Chowpatty Beach: Joggen vor der Kulisse des Marine Drive

Chowpatty Beach

Kein Platz zum Baden! So weit ist man noch nicht mit dem Umweltschutz. Aber der Strand am Halbbogen des Marine Drive ist das Erholungs- und Festgelände für Tausende. Kutschen, fliegende Händler, Jongleure, Masseure, viel frequentierte Imbissstände. Besonders abends interessant zum Spazierengehen (auf Taschen aufpassen!).

Crawford Market

★ Offiziell heißen die Markthallen Mahatma Jyotiba Phule Market, aber der neue Name ist oft nicht bekannt. Der »Bauch von Bombay«, 1871 erbaut, ist bis heute voll von Gerüchen und Farben des Orients, füllt sich täglich neu mit Obst, Gemüse, Gewürzen sowie lebenden und frisch geschlachteten Tieren. Hier erleben Touristen ein Stück Alltag – man muss sich nur hinein-wagen ins bunte Marktleben. *Ecke Carnac und D. Naoroji Road*

Gateway of India

Dieses 24 m hohe Tor im britisch-indischen Baustil am Ufer des alten Hafens ist ein Symbol der Begrüßung – aus der Perspektive der Kolonialmacht, als Westler noch mit dem Schiff ankamen. 1926 erbaut, sollte das Tor an den Besuch (1911) des britischen Königs George V. erinnern, der sich zum Kaiser von Indien krönen ließ. Zum politischen Ausgleich für das historische Bewusstsein der Inder dienen die Denkmale des Marathen-Volkshelden Shivaji und des Hindu-Reformers Swami Vivekananda auf der umgebenden Grünfläche. Vom Gateway legen auch die Ausflugsschiffe zur Insel Elephanta ab.

Hanging Gardens

◄► Jenseits der Chowpatty Beach in der Wohngegend von Bombays

Oberklasse, dem *Malabar Hill,* erstrecken sich die Hängenden Gärten, ein Kunstwerk der Landschaftsplaner, in dem Gärtner unablässig die Büsche stutzen, damit sie die Formen von Affen, Elefanten und Giraffen behalten. Unter den Gärten sind großräumige Wasserspeicher versteckt.

Schöne Aussicht auf Bombays Marine Drive, Erholung abseits des Straßenlärms. Zu den benachbarten *Towers of Silence,* wo die Parsen ihre Toten aussetzen, darf man nicht vordringen.

Kolonialbauten

Immer noch anmutig ist der *Flora-Brunnen* von 1869 an der Mahatma Gandhi Road (MG Road) inmitten des tosenden Verkehrs. Am Rande des *Oval Maidan* (Grünfläche) stehen die stattlichen viktorianischen Bauten der 1860er- bis 1870er-Jahre im Stil englischer Neugotik mit indischen Zugaben. Damals hatten sie ihren Platz direkt am Ufer des Arabischen Meeres, das Gelände westlich davon wurde später aufgeschüttet. Der *Rajabai-Turm* (78 m) gehört zur Universitätsbibliothek. Bemerkenswert sind auch die Universität, die massige Imponierarchitektur des *High Court* und, nördlich, der Bahnhof *Victoria Terminus (VT),* an dem täglich über tausend Züge an- und abfahren.

Mumbadevi-Tempel

Inmitten eines marktreichen Viertels mit engen Straßen öffnet sich der schmale Zugang zu dem Tempel, in dem die ursprünglichen Einwohner, die Koli-Fischer, ihre Göttin Mumba schon vor Jahrhunderten verehrten. Ganz nahe ist auch die *Jama Masjid,* die alte Moschee der Muslime.

MUSEEN

Jehangir Art Gallery
Moderne indische Kunst ist in wechselnden Ausstellungen zu sehen. Angenehmes Museumscafé. *Tgl. 11–19 Uhr, MG Road, Fort Mumbai*

Prince of Wales Museum
Insider Tipp

Der imposante, spätkoloniale Bau bewahrt indische Kunst aus allen vergangenen Epochen – eines der reichsten Museen in ganz Indien. *Di–Sa 10.30–18 Uhr, 159/61, MG Road*

Victoria and Albert Museum (Dr. Bhali Daji Lad Museum)
Interessantes zu Bombays Stadtgeschichte: Wo noch mehr Baugrund benötigt wurde, schuf man ihn durch Aufschüttungen im Meer. *91A, Dr. Bahasaheb Ambedhar Road, bei den Victoria Gardens, Wiedereröffnung nach Renovierung ca. 2007, Tel. 022/23 75 79 43*

ESSEN & TRINKEN

Berry's
Spezialitäten aus der *Tandoori-* und Mogulküche. *Vir Nariman Road, nahe Churchgate Station, Tel. 022/ 22 87 56 91, €€*

Gaylord
Indische Küche, auch draußen Tische. *Vir Nariman Road, Tel. 022/ 22 82 09 85, €€ – €€€*

Golden Dragon
Geschmackvoll dekoriertes, chinesisches Restaurant, das gute Sichuan-Küche serviert. *Im Taj Mahal Hotel, Apollo Bunder, Tel. 022/ 22 67 32 27 oder 22 67 32 29, €€€*

Man muss ja nichts kaufen: Der Besuch eines Markts ist Erlebnis genug

Ideal Corner
Zu Gast bei Parsen, täglich wechselndes Angebot. *12, Gunbow Street (nördlich vom Horniman Circle), Tel. 022/22 62 19 30,* €

Rajdhani
Traditionelles vegetarisches Thali-Restaurant im Gujarati-Stil. Auch Maharashtra- und südindische Küche. *Sheik Memom Street, gegenüber vom Mangaldas Market, Tel. 022/23 42 69 19,* €€

Antiquitätenläden
In den Straßen hinter dem Hotel Taj Mahal – nicht billig, aber gute Qualität. Für über 100 Jahre alte Stücke ist eine Ausfuhrgenehmigung nötig.

Insider Tipp Central Cottage Industries Emporium
Kunsthandwerk, Seide, Saris, Kleidung, Geschenkartikel zu Festpreisen. *34, Shivaji Marg, Colaba, nahe Gateway of India*

Märkte und Basare
Nördlich der Fort-Gegend Märkte für alles Erdenkliche: der *Mangaldas Market* für Seide, der *Zaveri Bazar* mit Hunderten von Juweliergeschäften für meist auffälligen oder auch sehr kostbaren orientalischen Schmuck und der *Chor Bazar* (der so genannte *Diebesmarkt, Mohammed Ali Road/Abdul Rehman Street*) als Flohmarkt für alles, was alt ist oder von anderen abgelegt wurde.

World Trade Centre
🏃 Emporien (Läden) verschiedener indischer Bundesstaaten, in denen man manchmal originelle und ursprüngliche Arbeiten findet. Schöne Bronzearbeiten zum Beispiel im *Maharashtra Emporium (Cuffe Parade, südlich des Nariman Point).*

Chateau Windsor Guest House

Gut geführt und gelegen. Die Räume sind teils klein und düster. *36 Zi., teils AC, 86, Vir Nariman Road, Churchgate, Tel. 022/22 04 44 55, Fax 22 85 14 15, www.chateau windsor.com, €–€€*

Godwin

Gutes Restaurant, Dachgarten. *48 Zi. (mit AC), 41, Garden Road, Colaba, Tel. 022/22 84 12 26, Fax 22 87 15 92, godwinht@vsnl.in, €–€€*

Oberoi/Oberoi Towers

↘ Luxus im Service und Design. Beste Lage, traumhafter Seeblick, Restaurants, Bars, Disko, Pool, Läden. *Marine Drive, Nariman Point, Tel. 022/56 32 57 57, Fax 56 32 41 42; Oberoi Towers Tel. 022/22 32 43 43, www.oberoiho tels.com, €€€*

Taj Mahal Hotel

★ Seit der Industrielle Jamsetji Tata 1903 das Taj Mahal Hotel eröffnete, hat man sich hier stets an der Weltspitze von Komfort und Service gehalten. Mitglieder des *Taj Club* werden u. a. am Flughafen abgeholt und frühstücken mit Blick aufs Gateway of India. Neben dem alten Haus mit nostalgischer Atmosphäre ragt der Taj Tower in den Himmel. *582 Zi. und Suiten, Apollo Bunder, Tel. 022/22 02 33 66, Fax 56 65 03 00, www.tajhotels.com, €€€*

YWCA International Centre

Für Männer und Frauen, mit Halbpension. Vorauszahlung erforderlich, Reservierung ist empfehlenswert. *15 Einzel-, Doppel- und Dreibettzimmer, 18/II, Madame Cama Road, Tel. 022/22 02 50 53, Fax 22 02 04 45, www.ywcaic.info, €*

Bars und Clubs

Sehr beliebt: der Nachtclub *Beyond 1900* im *Taj Mahal Hotel (Tel. 022/22 02 33 66)*. Drinks mit wunderbarem Meerblick: ↘ *The Garden Bar*, 14. Stock im *Ambassador Hotel (Vir Nariman Road, Tel. 022/22 04 11 31)*. Manche Nachtclubs lassen nur Paare zu, Tanzbars in den Luxushotels sind oft nur für Hotelgäste.

Kino

Indische Filme: *Metro (Nordende der MG Road, Tel. 022/22 03 03 03)*. Englische Filme: *Sterling (Marzaban Road, Tel. 022/56 31 66 77)*.

Government of India Tourist Office

123, M. Karve Road, gegenüber der Churchgate Station, Tel. 022/ 22 03 31 44, Fax 22 01 44 96, www.incredibleindia.org

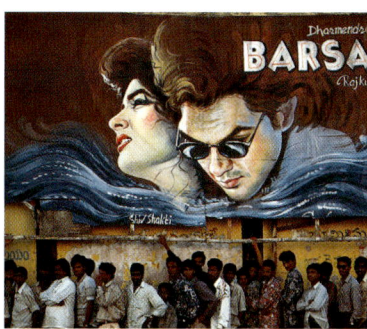

Zuschauermagnet: indisches Kino

Elephanta   [170 C2]

★ Kontrasterlebnis: aus der Hektik Bombays auf eine tropisch grüne Insel wechseln. Wer die halb- bis einstündige Schiffsreise authentisch erleben möchte, besteigt nicht den *Luxury Launch*, sondern ein weniger touristisches Boot, und nimmt sich Zeit, um nach dem Aufstieg zu den Tempeln über die Insel zu spazieren. Die *Höhlentempel,* vermutlich zwischen 450 und 750 entstanden, sind die Hauptattraktion, voran der Shiva gewidmete *Mahesha-Tempel*. Ein mächtiges Lingam-Phallussymbol wird von acht Torhüterstatuen bewacht. Nicht einen Phallus stelle der Stein dar, kann man von modernen Hindus hören, sondern ein Energiesymbol *(Abfahrt von Gateway of India von 9–15.30 Uhr). 7 km östlich*

Strand wurden hier musterhaft 20 Zimmer und Suiten neu erbaut (teils AC, auch Zelte). Hier bekommen Sie auch Auskunft über die Region und können im rustikalen Restaurant essen.

Im Umkreis lohnen Exkursionen, zum Beispiel zur imposanten Küstenfestung *Jaigarh,* die hinter einer 8 m hohen Ummauerung wie verwunschen die Jahrhunderte überdauert *(35 km nördlich).* Noch weiter nördlich an der N 17 werden im Städtchen *Chiplun (rund 100 km)* urige Bootsfahrten auf dem Vashisti-Fluss angeboten; benachbart sind ein Tempeltal und in schöner Hügellage die komfortable *Gateway Riverview Lodge* mit Garten, Tennis, Pool *(Village Dhamandivi, Tel. 02356/27 22 33, Fax 27 20 59, gateway.chiplun@tajhotels.com, €€).*

GANPATIPULE

[170 C4] Muss man unter den vielen lockenden Stränden im Süden der über 700 km langen Maharashtra-Küste wählen, spricht viel für Ganpatipule, den uralten Pilgerort (2000 Ew.) am breiten weißen Strand, noch dörflich im Palmengrün. Pilger strömen zum jüngst erneuerten Tempel für den »selbst geschaffenen« Ganesh (einen Stein, der von Natur aus ein wenig wie der elefantenköpfige Gott des Reichtums und des Glücks anzusehen ist).

Übernachtungsmöglichkeit finden Sie im *MTDC Resort Ganpatipule (Ganpatipule, Dist. Ratnagiri-415615, Tel. 02367/23 43 48, Fax 23 53 28, €).* Am und überm

HYDERABAD

[172 A3] Neben Bangalore und Bombay drängt Hyderabad als dritte Computer- und Softwarestadt nach vorne. Der ultramoderne Stadtteil *Hitec-City* wächst und wächst. Im Zentrum der 5-Mio.-Stadt südlich vom Hussainsagar, dem weiten Stadtsee mit der Buddhastatue, erinnern Paläste und Verwaltungsbauten im viktorianisch-indischen Stil an die britische Zeit. Hyderabad ist eine Stadt voller Kontraste: Zwischen orientalischen Moscheen, kostbaren Grabstätten und bunten Basaren haben Investoren einen Multiplex-Film- und Shoppingpalast errichtet, sogar eine Snow World mit alpinem Frostklima. Mitten in die Landschaft hat ein Kino-Tycoon zudem die *Ramoji Film City* gebaut

(Besuche: Tel. 040/92 54 65 55). Dergleichen hat nicht einmal die Megastadt Bombay zu bieten.

Hyderabad wurde 1590 vom Nawab Muhammed Quli gegründet. Da das Fürstentum vor der Übermacht der Mogulkaiser auf der Hut sein musste und Muslime wie Hindus darin gleiche Interessen hatten, entwickelte sich ein friedliches Zusammenleben. Wegen des immensen Reichtums seiner Herrscher bekam der Name Hyderabad für viele einen märchenhaften Klang.

SEHENSWERTES

Basar und Charminar

Schmale Ladenstraßen locken mit hervorragender Handwerkskunst: eingelegte Silberarbeiten *(Bidri)*, Seidengewebe und Perlenschmuck. Mittendrin steht das *Charminar*, das fünftürmige Tor, mit Erkern, Verzierungen und einer Moschee im zweiten Stockwerk, errichtet 1591.

Birla Mandir

1976 gebauter, von der Industriellenfamilie Birla gestifteter Vishnutempel. Von hier guter Ausblick auf Stadt und See.

Buddha Purnima

Monolithische Buddhastatue, gestiftet von einem Regionalpolitiker und 1992 im See aufgestellt. Sie ist eine der weltweit größten Skulpturen (17,5 m hoch) und am besten vom Boot oder vom Lumbini-Park aus zu betrachten.

MUSEUM

Salar Jung Museum

Kunstgegenstände aus aller Welt, speziell Erinnerungen an die Mo-

Ziert Hyderabad: das Charminar

guln, die der gleichnamige Erste Minister des Nizams von Hyderabad gesammelt hat. *Sa–Do 10–17 Uhr, 100 m östlich vom Südende der Musi River Bridge*

ESSEN & TRINKEN

Palace Heights

Eins der besten Restaurants der Stadt – und mit bestem Ausblick. Auch Weinkarte! *Triveni Building, 8. Stock, Abids, Tel. 040/ 24 75 44 83, €€*

Prasad – Food Courts

Ob stilvolles Dinner oder Fastfood – im supermodernen Center mit Multiplex- und Imax-Kino wird für jeden Geschmack etwas geboten. *Off NTR Gardens, Tel. 040/ 23 44 88 88, www.prasadz.com, € – €€*

Computerhochburg ist Hyderabad, aber auch Pune boomt

eine der stärksten Indiens, dreifach mit riesigen Befestigungen ummauert; die äußerste Mauer am Fuß des Hügels läuft 11 km rundum. Zu seiner heutigen Größe wurde das Fort im 16. Jh. von Sultan Quli Qutb Shah ausgebaut, als Mittelpunkt eines unabhängigen Fürstentums. Schon 1590 verlegte sein Nachfolger dann die Residenz ins neu gegründete Hyderabad. Erstaunlich ist die Akustik: Ein Händeklatschen am Balahisar-Tor ist noch weit oben in der Durbar-Halle zu hören. Hoch dramatische Sound-and-Light-Show *(Nov.–Feb. tgl. 18.30 Uhr, März bis Okt. tgl. 19 Uhr, Dauer: eine Stunde). 13 km westlich*

Inside Tipp

ÜBERNACHTEN

The Central Court
Zentrale Lage, guter Service und Küche (Indisches auch nach europäischem Geschmack). *77 Zi., Lakdi-ka-pul, Tel. 040/23 23 23 23, Fax 23 23 27 37, www.thecentral court.com,* €€

The Taj Krishna
Inmitten von Rasenflächen und Felslandschaft. Gourmetrestaurant, Swimmingpool und Tennis. *260 Zi., Road No. 1, Banjara Hills, Tel. 040/ 339 23 23, Fax 339 30 79, www.taj hotels.com,* €€€

AUSKUNFT

Government of India Tourist Office
Sandozi Building, Street No. 1, Himayatnagar, Tel. 040/763 00 37

ZIEL IN DER UMGEBUNG

Golconda Fort   [172 A3]
★ ◀▶ Die trutzige Festung auf einem 150 m hohen Granitberg war

PUNE (POONA)

[170 C3] Die »Königin des Dekkan-Hochlandes« hat durch ihre Höhenlage von knapp 600 m fast das ganze Jahr über ein erfrischendes Klima. Schon darum war Pune (3 Mio. Ew.) in früheren Epochen Residenzstadt. Die Peshwa-Dynastie der Marathen, die sich im 18. Jh. gegen das Mogul-Imperium behaupteten, herrschte hier. Die Briten hinterließen Gärten und Golfplatz, Reitbahnen und Bungalows. Und Bhagwan hinterließ hier Jünger aus aller Welt in seinem Ashram. Jüngst boomt die Computerindustrie. Mit dem Expresszug *Deccan Queen* ist Pune in drei Stunden von Bombay zu erreichen.

SEHENSWERTES

Gandhi National Memorial
Im ehemaligen Palast des Aga Khan (1892 erbaut, mit großem Park) waren Mahatma Gandhi und seine

Frau Kasturba 1942 bis 1944 inhaftiert. Kasturba und Gandhis Sekretär starben dort. Ausgestellt sind Fotos und persönliche Erinnerungsstücke. *Tgl. 10–17 Uhr*

Osho Commune International

Die Nachfolger des 1990 verstorbenen Bhagwan Shree Rajneesh – in späteren Jahren nannte er sich Osho (»sich auflösend im Ozean«) – bauten den Ashram in einem Parkgelände mit Meditationshallen und Studiengebäuden musterhaft aus – in Abkehr von den frühen Exzessen der Bhagwan-Anhänger in den 1970er-Jahren. *Tgl. 9–16 Uhr, 17, Koregaon Park, www.osho.com*

Parvati-Hügel

🔅 Über viele Treppenstufen geht es hinauf zu den Tempeln der Shiva-Gemahlin Parvati. Prächtiger Ausblick.

Pataleshwar-Tempel

Der auch Panchaleshwar genannte Shiva-Felsentempel aus dem 8. Jh. überdacht die Skulptur eines Nandi-Bullen mit einer riesigen monolithischen Steintafel. *An der Sangam Bridge Road*

MUSEEN

Insider Tipp Raja Dinkar Kelkar Museum

Kunst und Kunsthandwerk vieler Epochen, in 40 Jahren von einem Privatsammler zusammengetragen. *Tgl. 9.30–17.30 Uhr, Führung: Tel. 020/24 48 21 01, 1377/78, Shukrawar Peth, Raja Kelkar Museum Street, Nastu Baugh*

Tribal Museum

Beim *Tribal Research and Training Institute* werden Geräte und kunsthandwerkliche Arbeiten der ursprünglichen Bewohner Maharashtras gezeigt. *Tgl. 10.30–17.30 Uhr, 28, Queens Garden*

ESSEN & TRINKEN

Preisgünstig verköstigt man sich an der *Sadhu Vaswani Sassoon Road* nahe dem General Post Office.

Touché the Sizzler

Indisch-europäisches Multicuisine-Restaurant mit delikaten Desserts , z. B. Eis mit hausgemachter Orangenmarmelade. *Moledina Road, Tel. 020/26 13 46 32, €€*

ÜBERNACHTEN

Blue Diamond Hotel (Taj)

Mit mehreren Restaurants und Pool die beste Adresse der Stadt. Nobel speisen kann man bei indischer Livemusik zu indischer und europäischer Küche im *Ashwamedh-Restaurant. 114 Zi., 11, Koregaon Road, Tel. 020/56 02 55 55, Fax 56 02 77 55, www.tajhotels.com, €€€*

Woodlands Hotel

In der urbanen Parkwohnlandschaft von Koregaon, nicht weit vom Bahnhof. Vegetarisches Restaurant. *50 Zi., Sadhu Vaswani Circle, Tel. 020/26 12 61 61, Fax 26 12 31 31, www.tghotels.com, € – €€*

AUSKUNFT

Maharashtra Tourism Development Corporation (MTDC)

Central Office Building, Sassoon Hospital Road, Tel. 020/ 26 12 68 67 und 26 12 81 69, www.mtdcindia.com

Teegärten, Tiger, Tempelwagen

Überfülltes, geistvolles Calcutta, ruhiges Himalaya-Vorland, vitale Tempelkunst Orissas

Bihar und Westbengalen, zwei der drei großen Oststaaten Indiens, gehören auch zu den am dichtesten besiedelten des Subkontinents (gemeinsam mit Kerala im tiefen Süden). Orissa dagegen, verlockend reich an Palmenhainen und Stränden, üppig geschmückten Tempeln und lebendigem Kunsthandwerk, ist für indische Verhältnisse eher wenig bevölkert. Kulturelle wie touristische Sonderfälle sind Sikkim und die Staaten bzw. Territorien des Nordostens: Assam, Meghalaya, Tripura, Mizoram, Manipur, Nagaland und Arunachal Pradesh.

Für Reisen in die Nordoststaaten, auch »Sieben Schwestern« genannt, waren bis vor kurzem Restricted Areas Permits (RAP) notwendig. Assam, Meghalaya und Tripura können ohne Formalitäten besucht werden. Über Guwahati, die Hauptstadt von Assam, und Shillong sind die Bus-, Bahn- und Flugverbindungen deutlich verbessert worden. Auch die großen Nationalparks wie das Kaziranga-Reservat in Assam mit seltenen Nashörnern und Elefantenherden können wieder besucht werden.

Teeplantage in Darjeeling:
Die Ernte ist bis heute Handarbeit

Typisch für Calcutta: Rikschafahrer

Ein extremer Kontrast zu der grünen Natur der Himalaya-Territorien ist die Megastadt Calcutta (Kolkata), das kulturelle Zentrum des Ostens. Der Moloch mit mehr als 11 Mio. Ew. gilt vielen als Inbegriff indischen Elends und Niedergangs. Zu Unrecht: Die Straßen sind heute sauberer als in mancher westlichen Metropole, es wird investiert, das U-Bahn-Netz wächst beständig. Calcutta, bis 1911 die Hauptstadt Britisch-Indiens, kann sich wieder sehen lassen.

Seit Bengalen 1947 geteilt wurde und der Osten erst ein Teil Pakistans, dann zum unabhängigen Bangladesch erklärt wurde, halten jedoch Spannungen und ein endloser Flüchtlingsstrom ins indische Westbengalen an.

Früheste Stätten indischer Geschichte und Mythologie liegen im

Nach wie vor von sehr großer Bedeutung in Indien ist die Landwirtschaft

Staat Bihar. Heute ist er in großen Teilen gesellschaftlich rückständig, geprägt von gewaltsamer Ausbeutung und Rechtsbeugung. In Bihar stand die Wiege des Buddhismus, später regierte Kaiser Ashoka, der vielleicht bedeutendste Herrscher der indischen Geschichte. Patna, die heutige Hauptstadt Bihars, war das antike Pataliputra, im 5. Jh. v. Chr. Herrschaftssitz des Reiches von Magadha.

262 v. Chr. trat der gewaltige Hindu-Kaiser Ashoka nach blutigen Schlachten gegen das Kalinga-Reich zum Buddhismus über und strebte Frieden an. Doch 800 Jahre später gewannen Hindu-Dynastien die Oberhand über die Buddhisten. Die der Kesari schuf eine Kultur, die sich bis ins 16. Jh. hielt, mit großartigen Tempeln. Und nur die Tempel überstanden den zerstörenden Sturm der Moguln im 16. Jh.

BHUBANESHWAR

[173 F2] In der Hauptstadt (rund 650 000 Ew.) des Bundesstaates Orissa standen zu ihrer Blütezeit angeblich 7000 Tempel. Hunderte sind bis heute nachzuweisen, viele noch im Schmuck ihrer Skulpturen erhalten, während von anderen nur Ruinen blieben, bei denen man sich noch lange für Baumaterial bediente. Neben dem ausgedehnten archäologischen Gelände wuchs eine moderne, großzügig in *Units* angelegte Neustadt. Die weiten Entfernungen machen für den Besucher motorisierten Transport nötig.

SEHENSWERTES

Bindu Sagar
Das Wasser des Tempelteichs im Süden der Stadt wird hoch verehrt,

da es Wasser aller heiligen Ströme Indiens enthalten soll; nach früher Überlieferung fließen sie hier unterirdisch zusammen. Um den Bindu Sagar wurden Bhubaneshwars großartigste Tempel errichtet. Charakteristische Hindu-Architektur Orissas sind die tortenähnlichen Schichtungen der *Shikaras,* der Tempeltürme über dem Allerheiligsten.

Lingaraja-Tempel

Für Nicht-Hindus Eintritt verboten! Die Vielzahl der Skulpturen der Außenwand und den dominierenden Tempelturm kann man jedoch von einer Terrasse aus bewundern, am besten mit dem Fernglas. Der Tempel, einer der wichtigsten Bauten seiner Zeit, stammt aus dem 11. Jh. Götter, liebende Paare *(Mithunas)* und schöne Frauen *(Yakshinis)* schmücken die Außenwände. *Südlich von Bindu Sagar, Altstadt*

Mukteshwara-Tempel

Insider Tipp

Skulpturen erotischer Daseinsfreude schmücken auch den kleinen, im 9. Jh. erbauten Tempel, den man einen »Traum in Sandstein« genannt hat. Zu ihm führt ein *Torana* (Tor) mit herrlichem Reliefschmuck. *Östlich von Bindu Sagar*

Parasurameshwara-Tempel

An den Wänden eine Fülle von Götterbildern, mit Tänzerinnen, Musikanten, Liebespaaren und Löwen, am Turm ein tanzender Shiva. Der vermutlich älteste der bis heute überdauernden Tempelbauten Bhubaneshwars wurde Ende des 7. Jhs. erbaut. *Östlich vom Bindu Sagar*

Rajarani-Tempel

Reich geschmückt, doch die Skulpturen sind stark beschädigt. Hier wurden der großen Shikara aufsteigend gegliedert kleine Türme beige-

MARCO POLO Highlights
»Calcutta und der Osten«

★ **Bodhgaya**
Der Ort, wo Buddha lehrte: Nicht die Geburt, seine Taten machen den Menschen aus (Seite 95)

★ **Oberoi Grand Hotel**
Traditionshaus der Oberoi-Kette aus der britischen Zeit, seit jeher für perfekten Service bekannt (Seite 101)

★ **Toshali Sands**
Umgeben von Gärten in der Nähe von Puri wohnen (Seite 105)

★ **Tiger Hill**
Bei Darjeeling: Von hier hat man eine großartige Aussicht auf die Himalaya-Achttausender (Seite 102)

★ **Sonnentempel von Konarak**
Der Tempel fasziniert durch seinen reichhaltigen Skulpturenschmuck mit erotischen Szenen (Seite 104)

★ **Indian Museum**
Pompöser Bau in Calcutta mit großartigen Exponaten (Seite 100)

Bhubaneshwar: Lingaraja-Tempel

sellt. Aus dem 11. Jh. *Östlich, jenseits der Lewis Road*

Vaital-Tempel
Der kleine Tempel (8. Jh.) ist von buddhistischer Höhlenarchitektur beeinflusst. Seine Priester dienten wohl der Göttin Kali, die im Inneren thront; ihre Kette aus Totenschädeln ist meist unter einem Gewand versteckt. *Westlich vom Bindu Sagar*

ESSEN & TRINKEN

Hare Krishna
Schmackhafte vegetarische Küche. *Lalchand Complex, Janpath, im 1. Stock, Tel. 0674/250 31 88,* €€

EINKAUFEN

Orissa State Handloom
Applikations-Handarbeiten und Kopien von Tempelskulpturen in Originalgröße – auch Versand ins Ausland. *Janpath Unit 9, West Market*

ÜBERNACHTEN

Kalinga Ashok
Mit Baumgarten, Multicuisine-Restaurant und Coffeeshop. Teils renoviert. *64 Zi., Gautam Nagar, Tel. 0674/243 10 55, Fax 243 20 01, www.hotelkalingaashok.com,* €€

Panthanivas Tourist Bungalow
Sehr bescheiden, aber freundlich, in Tempelnähe. *52 Zi., teils AC, Lewis Road, Tel. 0674/243 25 15, Fax 243 10 53, otdc@sancharnet.in,* €

The Trident
Eindrucksvoller Bau mit Restaurants, Pool, Tennis, Gärten – zum Wohlfühlen. *70 Zi., Nayapalli, Tel. 0674/230 10 10, Fax 230 13 02, reservations@trident_hilton.com,* €€€

AUSKUNFT

Orissa Tourism Development Corporation
Am Bahnhof *(tgl., Old Block, Jayadev Marg, Tel. 0674/243 12 99)* und am Flughafen *(bei Ankunft der Flüge, Tel. 0674/240 40 06, Fax 243 08 87, www.orissatourism.gov.in)*

ZIELE IN DER UMGEBUNG

Chilka-See   [173 E2]
Die inselreiche Lagune (rund 1100 km^2) ist vor allem für Vögel (Sibirische Kraniche!) eine Attrak-

tion und darum auch für Vogelfreunde – beste Zeit: Dezember. Bescheidene Unterkünfte bieten der kleine Ort *Barkul* und das an der Südspitze des Sees gelegene *Rambha. 105 bzw. 135 km südwestlich*

Nandan Kanan [173 F1]

Umgeben von Wald liegt 20 km nördlich der Stadt einer der wenigen sehenswerten indischen Zoos. Auch weiße Tiger! *Di–So 10–17 Uhr; im Winter kürzer*

Pipli [173 F2]

In diesem Dorf (5000 Ew.) gibt es wunderschöne Applikationen auf Gartenschirmen, Taschen und Decken. *20 km südlich*

BODHGAYA

[167 E4] ★ Der Ort (31 000 Ew.), an dem Buddha unter dem Bodhi-Baum Erleuchtung fand, hat für die Pilgerscharen etliche geheiligte Stätten bereit: außer dem Baum, der aus Trieben des Urbaums wuchs, auch die Steinplatte, in der Buddha seinen Fußabdruck hinterließ, die Skulptur des Schlangengottes, der ihn vor einem Sturzregen schützte, den Banyanbaum, unter dem er einen Brahmanen über die Mängel des Kastendenkens belehrte. Leider gibt es in jüngster Zeit Überfälle auf Pilger, wohl im Zusammenhang mit den militanten Auseinandersetzungen zwischen Grundherren und Bauern in der Provinz Bihar.

SEHENSWERTES

Mahabodhi-Tempel

Insider Tipp

Der siebenstöckige Tempelturm ist von Sandsteinpfeilern mit Lotusreliefs und kostbaren szenischen Darstellungen umgeben, die im 2. und 1. Jh. v. Chr. und im 4. und 5. Jh. n. Chr. entstanden (die Originale befinden sich in Calcutta und London).

Tiger müssen vor dem Ausrotten geschützt werden – wie in Nandan Kanan

Neue Tempel
China, Japan, Thailand, Tibet und Bhutan haben für ihre Pilger moderne Klöster und Tempel errichtet. Mit kühlem Repräsentationsanspruch. *Meist 8–12 und 14–17 Uhr*

Om Restaurant
Beliebter Treffpunkt, im Sommer geschlossen. *Bodghaya Road,* €

Bodhgaya Ashok
Angenehmer Gartenhof. *32 Zi. mit AC, Tel. 0631/240 07 90, Fax 240 07 88,* €€

Information & Media Centre
Bodhgaya Road, Tel. 0631/220 06 72

Nalanda [167 E3]
Im Jahr 427, zur Zeit der kulturellen Blüte der Gupta-Dynastie, wurde die Universität Nalanda gegründet, in der an buddhistische Erinnerungen so reichen Landschaft um den Ganges bei Patna. Von einem chinesischen Reisenden des 7. Jhs., Xuan Zhang, ist die Nachricht über 10 000 Studierende und Mönche in Nalanda überliefert. Anlage mit bis zu 10 m hohen Mauern von Tempeln, Klöstern und Lehrgebäuden. Die buddhistischen Gelehrten verbreiteten von hier aus ihre Schriften bis nach Südostasien und Fernost sowie in die Himalayaländer. Erst die Plünderung durch afghanische Eroberer im 12. Jh. machte dem Lehrbetrieb ein Ende.

Zu besichtigen sind auch ein kleines *Museum (Sa–Do 10–17 Uhr)* mit Steinfriesen und Buddhafiguren sowie eine unlängst von Chinesen erbaute Friedenspagode zum Gedenken an Xuan Zhang, der fünf Jahre in Nalanda lebte. Nächste Orte sind *Rajrir* und *Bihar Sharif,* mit Busverbindung nach Patna. *100 km nordöstlich*

Sasaram [167 D3]
Fast genau auf halbem Weg zwischen Bodhgaya und Varanasi liegt an der *Grand Trunk Road* der kleine Handelsort Sasaram (ca. 50 000 Ew.) mit dem imposanten Mausoleum für Sher Shah, den Begründer der kurzlebigen Sur-Dynastie. Sher Shah baute auch die Fernstraße aus, die schon zu Kaiser Ashokas Zeit existierte und noch heute unter dem Namen Grand Trunk Road Amritsar im Punjab mit Calcutta verbindet. *Sher Shahs Grabmonument* ragt 46 m hoch über einem künstlichen, quadratischen See auf, mit einer Kuppel, die sich 22 m weit spannt, weiter als die des Taj Mahal. *140 km westlich*

Insid TIPP

CALCUTTA (KOLKATA)

[168 A6] *Howrah Station,* der Bahnhof Calcuttas: Fliegende Händler schreien, Lokomotiven pfeifen, Träger bahnen sich brutal ihren Weg, Menschen, wohin man blickt. Nur ein paar Meter von der Howrah Station überspannt die *Howrah Bridge (Rabindra Setu)* die trüben Wasser des Hoogly-Flusses, eines breiten Ganges-Nebenarms. Tag für Tag überqueren Millionen von

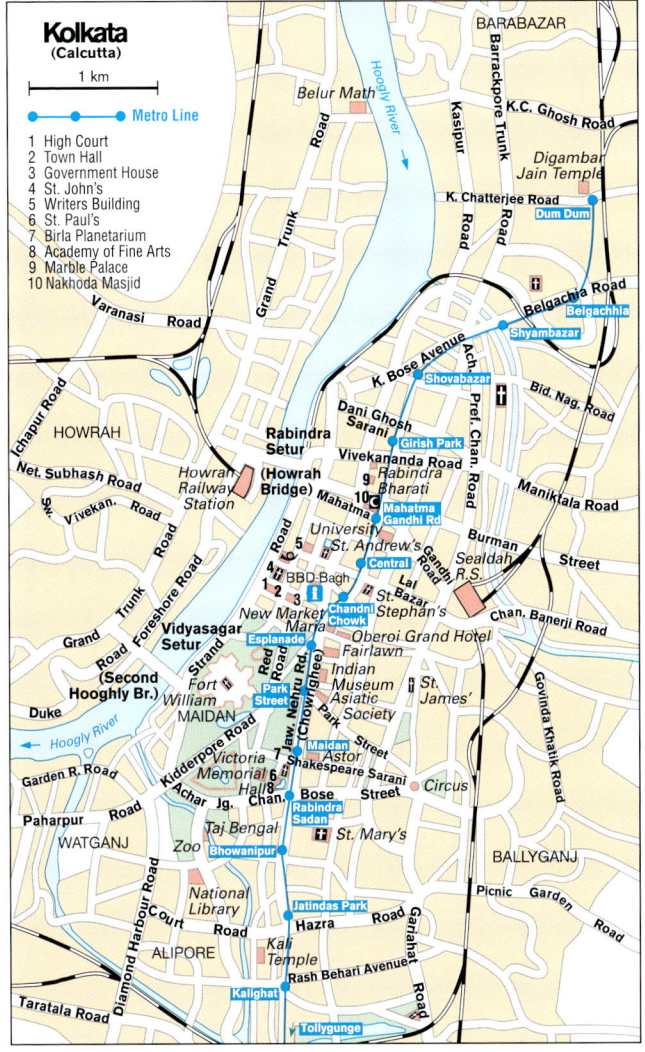

Kolkata
(Calcutta)

1 km

●——●——● Metro Line

1 High Court
2 Town Hall
3 Government House
4 St. John's
5 Writers Building
6 St. Paul's
7 Birla Planetarium
8 Academy of Fine Arts
9 Marble Palace
10 Nakhoda Masjid

BARABAZAR

Belur Math

Hoogly River

Barrackpore Trunk

K.C. Ghosh Road

Kasipur

Digambar
Jain Temple

K. Chatterjee Road

Dum Dum

Grand

Trunk

Road

Road

Varanasi Road

Belgachia Road

Belgachhia

Shyambazar

K. Bose Avenue

Ach

Shovabazar

Pref. Chan. Road

Bid. Nag. Road

Ichapur Road

HOWRAH

Net. Subhash Road

Sk. Vivekan. Road

Dani Ghosh
Sarani

Rabindra
Setur

Girish Park

Howrah
Railway
Station

(Howrah
Bridge)

Vivekananda Road

Rabindra
Bharati

Maniktala Road

Mahatma

10

Mahatma
Gandhi Rd

Burman

University

St. Andrew's

Gandhi

Central

Sealdah
R.S.

Street

4

5

Road

BBD Bagh

Lal

Bazar

St.
Stephan's

Chan. Banerji Road

1 2 3

Vidyasagar
Setur

New Market
Maria

Chandni
Chowk

Govinda Khatik Road

(Second
Hooghly Br.)

Grand Trunk Road

Foreshore Road

Strand

Road

Esplanade

Oberoi Grand Hotel

Fairlawn

Duke

Hoogly River

Fort
William

MAIDAN

Park
Street

Indian
Museum
Asiatic
Society

St.
James'

Garden R. Road

Kidderpore Road

Jaw. Nehru Rd.

Chowringhee

Victoria
Memorial
Hall

Astor

Shakespeare Sarani

Park

Street

Circus

Paharpur Road

Achar Jg.

Chan.

Bose
Street

Rabindra
Sadan

St. Mary's

WATGANJ

Taj Bengal

Zoo

Bhowanipur

BALLYGANJ

National
Library

Jatindas Park

Picnic Garden Road

Court
Road

Hazra

Road

Gariahat Road

ALIPORE

Diamond Harbour Road

Kali
Temple

Rash Behari Avenue

Kalighat

Taratala Road

Tollygunge

Menschen die Brücke, zu Fuß, mit Lastwagen, Fahrrädern, Karren, Bussen, Autos – unterwegs zum Zentrum Calcuttas. Das Ergebnis ist wuseliger, lärmender Stau von früh bis spät. Mit Dutzenden neuer *Fly-*overs (Hochstraßen in Kreuzungsbereichen) versuchen die Stadtplaner, das Leben in der Megastadt zu erleichtern. Auf rund 725 km^2 – Berlin ist 160 km^2 größer – hausen etwa 13 Mio. Menschen.

Für indische Verhältnisse ist Calcutta, das heute offiziell Kolkata heißt, eine eher junge Stadt. Vor 300 Jahren gab es hier nur ein kleines Dorf namens Kalikata, so genannt nach der im Tempel verehrten Göttin Kali. Die britische East India Company suchte Land für ihre Produktion und Verwaltung und pachtete 1690 das Dorf vom Kaiser Aurangzeb. Das Fort, eine Niederlassung und ein Hafen entstanden, Calcutta wurde Zentrum der sich immer weiter ausbreitenden britischen Kolonie, die im 19. Jh. ganz Bengalen, Nordindien, Burma sowie Pakistan umfasste und die Fürsten des Subkontinents unter ihre strenge Oberherrschaft brachte.

1911 wurde Calcutta allerdings entthront, denn Delhi war nun Hauptstadt. 1947: Unabhängigkeit, Befreiung, doch um den Preis der Abtrennung der muslimischen Länder Bangladesch und Pakistan. Flüchtlingsströme kamen in Wellen aus den neu entstandenen Ländern, besonders aus Bangladesch, anfangs Ost-Pakistan genannt, das Calcuttas Hinterland gewesen war. Die Zuwanderung hält an. Die Armen wohnen in elenden Slums, den *bustees*. Kolkata ist jedoch auch ein geistiges Zentrum, eine Universitäts- und Kunststadt. Und die Initiativen der Bürger zeigen Wirkung: Häuser und Parks werden aufgefrischt, Löcher in den Straßen geglättet und die erste U-Bahn Indiens (Delhi baut auch seine Metro) wird erweitert. Die Menschen dieser Stadt scheinen über besondere Überlebenskräfte zu verfügen. »Stadt der Freude« nannten Dominique Lapierre und Larrie Collins denn auch ihr Calcutta-Buch.

BBD Bagh
Die Anfangsbuchstaben dreier bengalischer Freiheitskämpfer gaben

Die Howrah Bridge wird täglich von Millionen Menschen überquert

dem Platz im alten britischen Zentrum den neuen Namen (bis 1947 Dalhousie Square). Noch heute befindet sich hier das Verwaltungszentrum von Bengalen. An der Nordseite das *Writers' Building* mit rot-weißen Säulen, der einstige Wohn- und Arbeitsplatz für die Angestellten *(writers)* der East India Company. Gegenüber der *High Court,* erbaut nach dem Vorbild des flandrischen Rathauses von Ypern. Das *Raj Bhawan* ist heute wie damals Regierungsgebäude, einst für den Viceroy, den Vizekönig, heute für den Gouverneur Westbengalens.

Botanischer Garten
Weiträumig liegt der Park am Westufer des Hoogly, an Werktagen ein angenehm ruhiger, erholsamer Ort. Fast ein Wunder ist der über 230 Jahre alte Banyanbaum, der mit seinen Nebenstämmen ein Waldrund von über 400 m Umfang bildet. *Tgl. Sonnenaufgang bis Sonnenuntergang*

Howrah Bridge
Die pfeilerlose Brücke sieht stattlich und schön aus. Das 97 m hohe Wahrzeichen, 1943 erbaut, wird heute durch eine südliche zweite Brücke entlastet. Bester Blick vom neuen *Millenium Park* am Hoogly, *Strand Road South.*

Jain-Tempel des Shree Sheetalnathji
Dieser Tempel wurde 1867 vom Hofjuwelier des Vizekönigs gestiftet, eine spiegelglitzernde Mischung aus verspieltem Rokoko und Pagodenstil in einem symmetrisch angelegten Garten. *Budree Das Temple Street, tgl. 7–12 und 15–18 Uhr*

»Missionaries of Charity« führen Mutter Teresas (1910–97) Werk fort

Kalighat-Kali-Tempel
Laut dröhnt die Tempelmusik, eng gedrängt stehen die Menschen mit Opfergaben, der Boden ist rutschig von verschüttetem Butterfett und Blumenresten. Der Tempel ist die Stätte der Kali, der Göttin des Zorns, der Wut, doch auch des mütterlichen Schutzes. *Kalighat, im Süden der Stadt*

Maidan
Als Treffpunkt beliebt, als Platz für Picknicks, zum Turnen und Joggen. Auch Bootsfahrten, der *Calcutta Cricket Ground,* andere Sportplätze und im Norden der *Eden Garden* mit burmesischer Pagode. *Östlich vom Hoogly*

St. Paul's Cathedral
Die anglikanische Kirche (erbaut 1839–47) vermittelt noch die Atmosphäre der britischen Zeit. Die

Victoria Memorial aus weißem Marmor: ein Wahrzeichen von Calcutta

Glasfenster des Künstlers Edward Coley Burne-Jones wirken am besten im Nachmittagslicht.

MUSEEN

Academy of Fine Arts
Ausstellungen und Skulpturengarten, abends attraktive Filmprogramme. *Di–Sa 12–19, So 15–19 Uhr, Cathedral Road*

Calcutta Panorama
Stadtgeschichte im ehemaligen Rathaus, modern präsentiert. *Di–So 11–18 Uhr (zweistündige Führung), 4, Esplanade Row*

Indian Museum
★ Das größte Museum Indiens ist ein pompöser Bau von 1875. Drinnen grandiose Höhepunkte indischer Kunst, z. B. buddhistische Skulpturen eines Steinzauns mit überlebensgroßen Frauengestalten. Dazu Volkskunst, zoologische und botanische Sammlungen. *Di–So 10–16 Uhr, Chowringhee (Jawaharlal Nehru Road)*

Victoria Memorial
Tonnenschwer sitzt Queen Victoria vor dem 1926 eingeweihten imperialen Bau im Neorenaissancestil, der sie, die Kaiserin von Indien, feiern sollte. Lord Curzon, Vizekönig von 1899 bis 1905, ließ den Bau von indischer Prominenz sponsern. Sehr sehenswert: die frühen Ansichten indischer Städte und Landschaften. *Di–So 10–16.30 Uhr, Nov.–Feb. bis 15.30 Uhr*

ESSEN & TRINKEN

In der *Park Street* finden sich viele Restaurants aller Preisklassen.

Amber
Sehr beliebt, gute *Tandoori*-Gerichte. *11, Waterloo Street, Tel. 033/ 22 48 65 20, €€*

Peter Cat

Internationale Küche, gute Kebabs und Drinks. *18A, Park Street/ Middleton Row, Tel. 033/ 22 49 88 41,* €€

EINKAUFEN

In der *Bentinck Street* (Nähe BBD Bagh) fertigen meist chinesische Läden Kleidung nach Kundenvorgaben, die sehr genau sein sollten. Der *New Market (Lindsay Street/ Chowringhee)* bietet fast alles.

ÜBERNACHTEN

In der *Sudder Street* gibt es Billighotels. Vor dem Buchen ansehen!

The Astor Hotel

Gebäude aus der britischen Epoche, jüngst renoviert. Gutes Restaurant. *32 Zi., 15, Shakespeare Sarani, Tel. 033/22 82 99 57, Fax 22 82 74 30, astor@cal3.vsnl.net.in,* €

⚡insider⚡ Fairlawn

Der gepflegte Garten vor dem Haus dient als Frühstücks- und Erholungsraum. Geführt im Stil der britischen Zeit, gute Küche. *21 Zi., 13 A, Sudder Street, Tel. 033/22 52 15 10, Fax 22 52 18 35, fairlawn@cal.vsnl.net. in,* €€

Hotel Maria

🏃 Einfach, nur teils mit eigenem Bad/Dusche. Alkohol und Drogen verboten. Angenehme Lage in authentischem Stadtviertel. *21 Zi., auch Schlafsaal, 5/1 Sudder Street, Tel. 033/22 52 08 60,* €

Oberoi Grand Hotel

★ In einem viktorianischen Gebäude, seit 1938 zum nahezu vollkommenen, eleganten Luxushotel gestaltet. Ruhe-Oase unter hohen Palmen, großer Pool. *250 Zi., 15, J. Nehru Road (Chowringhee), Tel. 033/22 49 23 23, Fax 22 49 12 17, www.oberoihotels.com,* €€€

Taj Bengal

Im feinen Villenviertel Calcuttas. Luxuriös, moderne Kommunikationstechnik, origineller Garten. Disko *Taj Club. 229 Zi. und Suiten, 34 B, Belvedere Road, Alipore, Tel. 033/22 23 39 39, Fax 22 23 17 66, wwwtajhotels.com,* €€€

Traumstrände

Die Inselflur der Andamanen – unzerstörte Natur im Golf von Bengalen

Sporttauchen an Korallenriffen, Schnorchelexkursionen zu silberweißen Palmenstränden, Hochseefischen, Trekking oder pure Badelust – das alles bieten die waldgrünen Inseln der Andamanen, die von der Tsunami-Katastrophe 2004 weit weniger geschädigt wurden als die südlich anschließenden Nikobaren. Erreichbar in zwei Flug- oder 60 Bootsstunden von Madras (Chennai) oder Calcutta (Kolkata). *A & N Islands Tours and Travel (www. andamanislands.com), India Tourism (www.incredibleindia.com)*

AUSKUNFT

Government of India Tourist Office

4, Shakespeare Sarani, Tel. 033/ 22 82 14 75, Fax 22 82 35 21, Flughafenschalter bei Ankünften.

DARJEELING

[168 A2–3] Ein Kultort für alle Teekenner! Überall sind die Terrassen mit den Teepflanzungen zu sehen. Sie entstanden nach 1835, als die Briten das für Hochlandtees klimatisch günstige Gelände vom Maharaja des benachbarten Sikkim »geliehen« bekamen. Sie hatten sich Schößlinge der Teepflanze aus China besorgt. Für den Transport der Ernten legten sie eine Straße, später eine kühne Bahnlinie an, die heute noch als Spielzeugzug *(toy train)* beliebt ist und in die Unesco-Liste als Welterbe aufgenommen wurde.

Für die Europäer der Kolonialzeit war Darjeeling jedoch vor allem eine angenehme *hill station,* wo sie der brütenden Hitze der Ebenen entkommen konnten. Der Ort Darjeeling (sein Name Dorje Ling bedeutet »Land des Donnerschlags«) erstreckt sich über eine steile Hangseite. Rund 100 000 Menschen leben hier in über 2100 m Höhe: Nepalesen, Bhutanesen und Tibetaner. Die Aussicht ist spektakulär: Bei guter Sicht erblickt man den *Kanchenjunga* (8586 m), den dritthöchsten Berg der Erde, und sogar den höchsten, den etwa 200 km entfernten *Mount Everest.* Im Oktober/November, wenn die Saison zu Ende geht und es schon sehr kalt wird (Frost!), ist die Sicht am besten.

SEHENSWERTES

Ghoom Buddhist Monastery

In 2550 m Höhe hat sich 1875 diese *Gompa* des Gelbmützenordens angesiedelt. Die freundlichen Mönche zeigen das Bildnis des Maitreya (des künftigen Buddha) und andere religiöse Schätze. Fotografieren gestattet. *8 km südlich, von Darjeeling auch mit dem toy train (die höchste Haltestelle der Bahn) zu erreichen*

Happy Valley Tea Estate

Auf traditionelle Art werden Teeblätter gewelkt, gerollt und fermentiert, dann getrocknet. Beste Qualitäten zerbröckeln nicht, werden Blatt-Tees (First und Second Flush aus den ersten Pflückungen des Frühjahrs), die kleinsten Blattteile kommen in die Aufgussbeutel. Man kann in dieser Teepflanzung zwar Tee kaufen, doch eine größere Auswahl gibt es bei *Nathmull's (Laden in der Laden La Road, oberhalb der Hauptpost, www.nathmulltea.com). 2 km nordwestlich vom Zentrum, unterhalb der Pamphawati Gurungni Road*

Tiger Hill

★ Früh aufstehen! Hierher fährt man zum Sonnenaufgang. Zart erröten die höchsten Schneegipfel in zauberhaften Schattierungen vor blaugrünem Himmel, vorausgesetzt, das Wetter ist klar (ev. März, besser Ende Okt. und Nov.) Lohnende Fußwanderung zurück. Insider Tipp 2590 m hoch, *11 km vom Zentrum*

Zoo

Sibirische Tiger, Schwarzbären und Rote Pandas, auch Aufzucht von Schneeleoparden. *Fr–Mi 8.30–16 Uhr, beim Mountaineering Institute*

ESSEN & TRINKEN

Während der Saison bieten die Hotels meist nur Vollpension an.

Glenary's

🏃 Unten *Tea Room* mit gutem Gebäck und Bar *The Buzz*, oben ein schönes Restaurant. *Nehru Road, Tel. 0354/225 41 22*, €€

New Elgin

In gepflegter Umgebung kann man sich in diesem Heritage-Hotelrestaurant von der guten Küche und dem angenehmen Service verwöhnen lassen. *Robertson Road, Tel. 0354/225 41 14*, €€€

EINKAUFEN

Die Märkte sind besonders farbenfroh. Volkskunst, Handwerkliches, Wollwaren findet man in der *Nehru Road* und der *Chowrasta Road*.

Tibetan Refugee Self Help Centre

Insider Tipp

Mit Schule, Krankenhaus, Tempel und Werkstätten (Teppiche, Schnitzerei, Textilien, Schmuck). *Mo–Sa, Gandhi Road, Tel. 0345/225 23 46*

ÜBERNACHTEN

Dekeling

🔆 Einfach, mit gutem Restaurant, netter Wirtsfamilie. *11 Zi., 51, Gandhi Road (The Mall), Tel. 0354/225 41 59, Fax 225 32 98, www.dekeling.com*, €

Sinclair's

Mit Speisesaal, Bar und Sonnenterrasse. *54 Zi., 18/1 Gandhi Road, Tel. 0354/225 64 31, Fax 225 43 55, www.sinclairshotels.com*, €

Windamere Hotel

Insider Tipp

Herrlich altmodisch: Kaminfeuer, Wärmflaschen, Teestunden und eifrige Bedienung. Kein Telefon und TV, dafür Piano und schöner Garten in blendender Lage. Britische Küche. *27 Zi., Observatory Hill, Tel. 0354/225 40 41, Fax 225 40 43, www.windamerehotel.com*, €€

Youth Hostel

🔆 Nützlich für Trekker-Informationen. Meist Schlafsäle. Abseits der Stadt, prächtige Lage. *Dr. Zakir Hussain Road, Tel. 0354/225 40 50*, €

TREKKING

Zahlreiche Agenturen bieten Führer, Träger, Köche, Ausrüstungen. Information bei *Mr. Keke, Himalayan Travels im Hotel Sinclair's*, und auch im *Youth Hostel*.

AUSKUNFT UND PERMITS

Tourist Office West Bengal

1, Nehru Road (Oberstock), Belle Vue, Tel. 0354/225 41 02

ZIELE IN DER UMGEBUNG

Kalimpong   [168 A2–3]

Insider Tipp

Schön ist die Fahrt in den gartenreichen Marktort *(Mi und Sa)* mit alten buddhistischen Klöstern. Das Teesta-Tal ist landschaftlich sehr reizvoll, als Quartier das Heritage *Hotel Himalayan* zu empfehlen. Es liegt in einem Garten, ruhig und zentrumsnah *(28 Zi. und Suiten, Upper Cart Road, Tel. 03552/225 52 48, Fax 225 51 22*, €). 50 km östlich

Sandakphu   [168 A2]

🔆 In 3636 m Höhe liegt der kleine Ort auf einer Gebirgskante. Er ist berühmt für die fabelhaften Ausblicke (ungefähr 100 m über dem Ort) auf den Himalaya. Sandakhpu liegt umgeben von Rhododendron-, Eichen- und Koniferenwäldern, einem Vogelparadies. Mit dem Jeep zu erreichen. *60 km nordwestlich*

KONARAK (KONARK)

[173 F2] Zur Zeit der großen Segelschiffe war der ★ *Sonnentempel von Konarak* als Black Pagoda bekannt, da der damals 70 m hohe Turm als Orientierungspunkt an der Küste diente. Der Küstenverlauf hat sich geändert, Konaraks Hafen ist versandet, und der Tempel steht ein Stück landeinwärts am Rande einer kleinen Ortschaft.

Seit 1984 ist der um 1250 von Orissas König Narasimha Deva (reg. 1238–64) erbaute Tempel von Konarak (15 0000 Ew.) als Welterbe anerkannt. Leider ist der Sonnentempel seit langem eine Ruine: Der Turm stürzte ein und mit ihm die Halle des Sanctums. Um die vorgebaute Versammlungshalle zu retten, bauten die Briten um 1900 starke Innenwände ein und füllten den Raum bis unters Dach mit Sand und Steinen auf. Die Steinruine mit ihren prunkvollen Relief- und Figurenfriesen an den Außenwänden ist dennoch einer der großartigsten Tempelbauten Indiens. Mit 24 je fast 3 m hohen steinernen Rädern bildet er symbolisch den Wagen des Sonnengottes Surya nach. Die Skulpturen von Tänzern und Tänzerinnen, von Liebespaaren und himmlischen Nymphen (Apsaras) feiern ein Fest der Schönheit, der Zärtlichkeit und Erotik – ähnlich wie in Khajurahos Tempelstadt.

Die Wiederherstellungsarbeiten werden noch Jahrzehnte andauern. Beste Zeit für den Besuch ist des warmen Lichts wegen der frühe Morgen oder späte Nachmittag. *Ge-*

Der Sonnentempel von Konarak bezaubert mit seinem Skulpturenschmuck

öffnet von Sonnenauf- bis Sonnenuntergang, Eintritt 500 Rupien. Eine Art Wall ums Areal ist frei zugänglich. Im nahen *Archäologischen Museum* sind Skulpturen vom Sonnentempel zu sehen *(Sa–Do 10–17 Uhr)*. Der 3 km entfernte Sandstrand ist lang und breit, am Busstop reihen sich Imbiss- und Souvenirbuden aneinander.

Nah beim Tempel liegt das *Yatri Niwas (12 Zi., teils AC, Tel. 07658/23 68 20, €)*, ein hübsches Gebäude mit einfachem Restaurant und Garten. Dort befindet sich auch das *Tourist Office (Tel. 23 58 21)*.

PURI

[173 F2] Puri (160 000 Ew.) ist mit seinen langen, feinsandigen Stränden beliebter Badeort – auch wenn die Strömungen gefährlich sind. Eines der größten Feste Indiens wird seit Jahrhunderten alljährlich in Puri gefeiert: *Rathjatra (Ratha* heißt Wagen). Im Juni oder Juli rollt man die Götterbilder aus bis zu 14 m hohen Holzwagen aus dem *Jagannath-Tempelareal* zum Sommerhaus *Gandicha Mandir.* Dort werden die holzgeschnitzten Kultfiguren während der acht Festtage auf einen Thron gestellt. Hunderte von Menschen ziehen an langen Seilen die Götterwagen.

SEHENSWERTES

Jagannath-Tempel

Lord Jagannath, eine Erscheinungsform Vishnus, des Herrs des Universums, verabscheut keine niederen Kasten. Das macht sein Fest so beliebt. Nur Hindus dürfen jedoch in seinen Tempel. Allen anderen ist gegen eine kleine Spende nur der Blick vom Dach der Bibliothek gegenüber erlaubt. Man sieht von dem rund 200 mal 200 m großen Tempelgelände jedoch lediglich Dächer und den 59 m hohen Tempelturm. Auf diesem Areal arbeitet die stattliche Anzahl von 6000 Priestern. Auch wenn kein Fest gefeiert wird, kommen täglich rund 5000 Pilger nach Puri.

ESSEN & TRINKEN

Wildgrass Restaurant

Angenehmer Garten, große Auswahl. *VIP Road, €€*

ÜBERNACHTEN

Nilachal Ashok Hotel

Etwas vom Strand abgerückt, mit Garten. *36 einfache Zi. mit AC, VIP Road, Tel. 06752/236 51, Fax 236 76, purashok@indiatourism.com, nilaashok@satyam.net.in, €*

Toshali Sands

★ Ein kleines Paradies ist dieses Bungalow-Resort abseits der Stadt unter Palmen, mit Gartenpracht, Pool und Shuttleservice zum unverbauten Strand. Es wurde als Orissas *Ethnic Village* angelegt, mit Götter- und Tierkeramiken, Folkloretextilien und Bootsausflügen auf dem Nuanai-Fluss. Außerdem: ein mehrstöckiges Apartmenthotel. *54 Zi. und 50 Villas/Cottages, 8 km von Puri Richtung Konark, Konark Marine Drive, Tel. 06752/25 05 71, Fax 25 08 99, www.toshali.net, €€*

AUSKUNFT

OTDC Office

Station Road, Tel. 06752/22 26 64

Backwaters, Tropen und Traumstrände

Mit Goas goldgelben Sandstränden, Keralas Backwaters und Karnatakas Tempelstätten verkörpert der Süden für viele das wahre Indien

Für manche ist nur der Süden »echtes« Indien: mit feuchten Dschungeln, erfrischenden Bergeshöhen und weiten Stränden. Wie Wahrzeichen ragen die riesigen Türme der Tempel aus Kokospalmenhainen auf. Ayurveda, die alte indische Heilkunst, ist hier heimisch. Gegen den Norden sind die Staaten des Südens durch den Vindhya-Gebirgszug geschützt, der sich nördlich von Bombay Richtung Osten erstreckt. Anders als im Norden bleibt es im Winter nach europäischen Maßstäben sommerlich warm. Auch werden hier andere Sprachen gesprochen, nicht Hindi, sondern Kannada, Telugu, Tamil und Malayalam – alle sind drawidischen Ursprungs und nicht aus dem Sanskrit und der indoeuropäischen Sprachfamilie hervorgegangen. Trotz vieler Gemeinsamkeiten sind die vier südlichen Bundesstaaten Karnataka, Kerala, Tamil Nadu und das kleine Goa sehr unterschiedlich. Traditionell ein Land der Gewürze

In Cochin starten Touren durch die Backwaters von Kerala

Bananentransport mit dem Fahrrad

und Seiden, hat Karnataka in seiner Hauptstadt Bangalore ein Zentrum indischer Hightechindustrie von Weltgeltung aufgebaut.

Goa kam erst mit Verspätung 1961 zur indischen Republik (seit 1987 als eigener Bundesstaat). Seine Badeküsten und die portugiesisch gefärbte Kultur, seine Bevölkerung, in der es fast keine Armut gibt, machten Goa zur Touristenattraktion. Kerala, dessen Backwaters ideal für tagelange, geruhsame Schiffsfahrten sind, hat herrliche Strände, die höchste Alphabetisierungsrate Indiens, die geringste Arbeitslosigkeit und ist sehr fortschrittlich bei der Gleichberechtigung der Frauen. Tamil Nadu ist be-

Einkaufszentrum in Bangalore: ein Kontrast zur alten Market Area

rühmt für seine drawidische Tempelarchitektur, u. a. in Kanchipuram, Mamallapuram, Madurai und Tanjore. Der Bundesstaat reicht bis zu Kanyakumari, dem den Hindus heiligen Südkap des Subkontinents.

BANGALORE

[174 C2] Die Hauptstadt Karnatakas (5,8 Mio. Ew.) gewann im 19. Jh. einen Ruf als Gartenstadt. Damals bewog das angenehme Klima in annähernd 1000 m Höhe die britische Kolonialregierung dazu, Bangalore zum Verwaltungszentrum zu machen. Im späten 20. Jh. legte Bangalore ein enormes Wachstumstempo vor. Die Millionenstadt ist heute ein Symbol des indischen Aufbruchs in die Hightechmoderne und zu globaler Wettbewerbsfähigkeit. Die Computer- und Softwareindustrie sowie die Raumfahrtforschung stehen an der Spitze. Man-

che Regionen allerdings haben noch immer den Charme einer Gartenstadt. Bangalore bietet mehrere der schönsten Hotels Indiens: zum *Taj-Westend* im kolonialen Bungalowstil kamen das moderne *Oberoi* und jüngst das prachtvolle *Leela* – alle in Parkgrün gebettet.

Die Überreste des alten, auf die Stadtgründung von 1537 zurückgehenden Forts finden sich noch in der *Market Area.* Hier sind die Gassen eng, im Basar ist es laut und voller Gerüche, viele Ladenschilder sind in verschnörkeltem Urdu und Kannada geschrieben. Rund um die verkehrstosende *MG Road* hingegen dominieren bunte Neonreklamen, Internetcafés, Pizzerien, Restaurants, Bars und elegante Geschäfte.

Bangalore ist mit seiner guten Verkehrsanbindung (Inlandsflüge zu allen großen Städten) ein ideales Sprungbrett zu den Touristenmagneten Karnatakas.

SEHENSWERTES

Lalbagh

Hyder Ali von Mysore setzte Ende des 18. Jhs. den Grundstein für den *Roten Garten* – der Name geht auf die Rosenliebhaberei des kriegerischen Britenschrecks zurück. Zum Park gehören eine schöne botanische Sammlung und ein Glashaus, das nach dem Vorbild des Londoner Crystal Palace erbaut wurde.

Nandi-Tempel

Schon die Fahrt hügelaufwärts ist ein Erlebnis. Vor dem drawidischen Tempel aus dem 16. Jh. ist die riesige monolithische Granitskulptur eines Nandi-Stiers zu bewundern, dem Shiva zugehörig. Kommt man nach Mysore, kann man sie dort mit der ähnlich monumentalen auf dem Chamundi-Hügel vergleichen.

Sultan Tipus Palast

Bei den Resten des Forts von 1537, das Hyder Ali und Tipu Sultan im 18. Jh. erneuerten, bauten die beiden einen schön proportionierten kleinen Palast mit Teakholzsäulen, sehenswert wegen seines malerischen Dekors und eines kleinen Museums. *Tgl. 9–17.30 Uhr*

ESSEN & TRINKEN

Vorzüglich und preisgünstiger als in Europa speist man in edlem Ambiente – auch in tropischem Gartengrün – in den Restaurants der Luxushotels. Genießer erkundigen sich nach Themenabenden.

MARCO POLO Highlights »Madras und der Süden«

★ **Arjunas Buße**
Das größte Flachrelief der Welt, eine Stunde von Madras (Seite 127)

★ **Backwaters**
Fluss- und Kanallandschaft hinter der Palmenküste Keralas (Seite 112)

★ **Dutch Palace**
Bewegte Geschichte und Augenschmaus im Repräsentativbau von Cochin (Seite 113)

★ **Shravanabelagola**
Seit über 1000 Jahren Pilgerziel – mit der größten Jain-Statue (Seite 111)

★ **Vijayanagara**
Ein Sieg der Archäologie: Die »Stadt des Sieges« wurde ausgegraben (Seite 119)

★ **Halebid**
Die Tempel des Reichs der Hoysala (Seite 111)

★ **Kanyakumari**
Hier blickt man auf zwei Ozeane – und begegnet einer Göttin und einem Weisen (Seite 135)

★ **Kathakali**
Nur Männer – maskiert und geschminkt – treten in Keralas berühmten Tanzdramen auf (Seite 114)

Casa Piccola

Wer es sich mal wieder europäisch schmecken lassen möchte: Hier ist die Italienwelle angekommen. *Devantha Plaza, 131, Residency Road, Tel. 080/22 21 29 07, €€*

Rice Bowl

Für den größeren Appetit. Ein Chinarestaurant unter tibetischer Leitung. *40/2, Lavelle Road, Tel. 080/22 24 02 16, €*

EINKAUFEN

Außer der *MG Road* ist die nördlich gelegene *Commercial Street* zu empfehlen.

Cauvery Arts and Crafts Imperium

Typische Seidenstoffe und Sandelholzarbeiten der Region, aber auch Kunsthandwerk aus ganz Indien. *23, MG Road*

ÜBERNACHTEN

Highgates

Komfortabel im modernen Design. Restaurant und Café. *40 Zi., 33, Church Street, Tel. 080/25 59 71 72, Fax 25 59 77 99, Reservierung empfohlen, €– €€*

Insider Tipp Leela Palace Bangalore

Opulenter Neubau im Heritage-Stil, bereits vielfach ausgezeichnet. Üppiges indisches Kunsthandwerk, der Charme des Orients, Blumenfülle und der Komfort des 21. Jhs. machen es zum vielleicht besten Hotel Indiens. *252 Zi., Tel. 080/25 21 12 34, Fax 25 21 29 29, auch über Kempinski, Neu-Isenburg (Tel. 00800/42 63 13 55, gebührenfrei buchbar), www.theleela.com, €€€*

Woodlands

Trotz seiner Größe angenehm, mit Cottages, klimatisiertem Restaurant, Bar und Coffeeshop, Garten. *240 Zi., 5, Raja Rammohan Roy Road, Tel. 080/22 22 51 11, Fax 22 23 69 63, wood_bgl@rediffmail.com, €*

AUSKUNFT

city info

14tägliche Übersicht über Veranstaltungen, Pubs und Clubs, Einkaufen, Museen, Nachtleben etc. *Preis: 30 Rupien*

Karnataka State Tourism Development Corporation

Empfehlenswert sind die Eintagestouren nach Mysore oder Belur, Halebid und Shravanabelagola, auch Exkursionen nach Hampi können Sie hier buchen. *10/4, Kasturba Road, Badami House, Tel. 080/22 27 58 69, kstdc.nic.in*

ZIELE IN DER UMGEBUNG

Belur   [174 B2]

Mit den zahlreichen Relieffriesen, großen Skulpturen und feinen Dekors gehören die Tempelbauten von Belur (und dem nahen Halebid) zu den künstlerisch bedeutendsten Indiens. In der Hoysala-Dynastie (11.–14. Jh.) geschaffen, faszinieren sie durch die Figurenfülle und die Präzision der Darstellung.

Belur war ein Ort im Hoysala-Königreich, als diese Region für den Handel zwischen Persien und China wichtig war. Von 1116 an entstand hier der große Vishnu-Tempel *Channeskeshava* in 100-jähriger Bauzeit, gestiftet zur Erinnerung an einen Sieg der Hoysala-Armee gegen die Chola-Herrscher. Der Tempel ist völlig mit Figuren bedeckt. Sein sternförmiger Grundriss schafft viele Nischen und weite Fassadenflächen für Elefanten (Zeichen der Königsmacht, rund 650 Figuren!), graziöse Frauen, erotische Spiele. Selbst König und Königin sind unbekleidet dargestellt. Im weiten Hof ist die wunderbare Figur des Sonnenadlers Garuda (Symbol und »Reittier« des Gottes Vishnu) zu sehen. Für das dunkle Tempelinnere eine Taschenlampe mitbringen! *215 km westlich*

Halebid [174 B1]

★ 1311 wurden das Hoysala-Reich und seine Hauptstadt Halebid von den muslimischen Truppen des Delhi-Sultanats vernichtet, doch die Tempelstätte überdauerte. Der Baumeister des Tempels von Belur entwarf auch den *Haupttempel von Hoysaleshvara*. Dieser blieb zwar unvollendet, ist jedoch mit bis zu neun umlaufenden Relieffriesen noch reicher geschmückt: mit Szenen aus den Götterepen Ramas und Krishnas. Auch hier findet man Darstellungen sexueller Freude. Im Tempelinneren das phallische Symbol Shivas aus schwarzem Stein, draußen zwei überlebensgroße Wächter in feiner Steinschnitzarbeit. Der kleinere *Vijayanatha-Tempel* wurde von Jains erst im 16. Jh. erbaut, mit einem hohen Standbild des unbekleideten »Furtbereiters« Shantinatha. Nicht versäumen: die kleine, aber feine Skulpturensammlung des *Archäologischen Museums (Sa–Do 10–17 Uhr)*. Beste Unterkunft im *Taj Chikmagalur*, nah bei der Stadt gleichen Namens, in schöner Landschaft, mit Pool *(29 Zi. und Cottages, Tel. 08262/22 02 02,*

Jain-Heiligtum: Shravanabelagola

Fax 22 02 22, gebührenfrei in Deutschland Tel. 0800/185 26 15, €€). 230 km westlich

Shravanabelagola [174 C2]

★ Hier heißt es Schuhe ausziehen und die 614 Steinstufen des Indragiri-Hügels hinaufsteigen, wie es die Pilger seit über tausend Jahren tun. 17 m hoch ist der aus dem Felsgipfel herausgehauene Monolith, die nackte, von Ranken umwachsene Statue des asketisch meditierenden Jain-Furtbereiters (Heiligen) Gomateshwara. Alle zwölf Jahre, das nächste Mal im Dezember 2005 oder Januar 2006, wird die Statue bei einem großen Fest mit Tausenden von Tontöpfen voller flüssigem *ghee* (Butterfett), Milch, Blüten und Farbe übergossen – sogar vom Hubschrauber aus. *125 km westlich*

COCHIN (KOCHI)

[174 B–C4] Als »Königin des Arabischen Meeres« glänzt die Inselstadt Cochin (1,3 Mio. Ew. mit der Festlandsstadt Ernakulam) seit Jahrhunderten. Der Reichtum kam durch Gewürze, die per Schiff nach Arabien und weiter nach Europa transportiert wurden. Cochins Naturhafen ist erst im 14. Jh. durch eine Überflutung in der Lagunenlandschaft entstanden, 1929 begann der Ausbau des modernen Hafens. Demnächst soll ein Brückenbauwerk das Festland mit den nördlichen Inseln Bolgatty und Vypen verbinden – die Fähren sind überfordert. Ein guter Platz zum geruhsamen Beobachten der ein- und ausfahrenden Schiffe ist die Bolgatty-Südspitze. Einige Kilometer weiter nördlich auf Vypen finden Sie den schönen Badestrand *Cherai*.

Den ältesten Teil Cochins, das Fort-Viertel auf der Insel Mattancherry, erreichen Sie wahlweise per Wagen von Süden her oder per Fähre vom *Main Boat Jetty* Ernakulams. Ost und West sind sich in diesem pittoresken Viertel seit jeher begegnet: Juden und Portugiesen, die im 16. Jh. hier siedelten, Holländer, die 1663 den Hafen eroberten, und Briten (seit 1796). Araber und Chinesen waren noch früher da.

Traumschön vom Meer gesäumt, zieht Fort Cochin mit seinen historischen Häusern und Gewürzspeichern, mit Gärten und alten Bäumen wie kaum ein anderer Ort Südindiens Gäste aus aller Welt an. Fotogen schweben die chinesischen Fischernetze an Hebebalken vor der Uferpromenade. Noch immer bringen sie Fänge ein.

SEHENSWERTES

Backwaters

★ Von Cochin aus können Sie einen Tag oder mehrere auf Kanälen, Flüssen und Seen reisen, am genussreichsten und stilvollsten in den zu Hausbooten umgebauten, traditionellen Lastkähnen. Bei Landgängen lernen Sie Palmen-

Cochin: Die chinesischen Fischernetze hängen an langen Hebebalken

pflanzungen, Dörfer, Tempel und christliche Kirchen kennen – sehr erholsam und sehr interessant.

Dutch Palace

★ Berühmt sind die wunderschönen alten Wandgemälde (u. a. Szenen mit Krishna und Rama), aber auch die Architektur lohnt den Besuch – gehört der so genannte Dutch Palace doch zu den ältesten Bauten der Europäer in Indien, die noch erhalten sind. Erbaut von den Portugiesen 1557 für den Raja von Cochin im Tausch gegen Handelsprivilegien, wurde der Mattancherry-Palast – so hieß er ursprünglich – hundert Jahre später von holländischen Eroberern renoviert und erweitert. *Fort Cochin, Sa–Do 10–17 Uhr, keine Fotoerlaubnis*

St. Francis Church

Die älteste Kirche steht seit 1503 im Fort-Viertel. 1524 fand der Entdecker und spätere Vizekönig Vasco da Gama dort vorübergehend die letzte Ruhe. Die sterblichen Reste wurden 1538 nach Portugal überführt, der Grabstein ist erhalten.

Synagoge

Gleich südlich vom Mattancherry Jetty (Anlegestelle) liegt das alte jüdische Viertel, attraktiv schon wegen der Fundgruben in seiner Antiquitätengasse und der alten Lagergewölbe für Gewürze. Die jüdische Gemeinde baute ihre Synagoge 1568; nach der Zerstörung durch die portugiesische Kolonialmacht 1662 wurde sie wiederhergestellt. Ihre heutige Gestalt erhielt sie 1760. Damals ließ ein reicher Förderer, Ezekiel Rahabi, das Gotteshaus mit blau-weißen chinesischen Kacheln ausschmücken. Ne-

ben dem festlichen hellen Synagogenraum mit den vielen Kristalllüstern ist eine Ausstellung über die Geschichte der Gemeinde zu sehen, samt den Kupfertafeln, auf denen die Privilegien der Rajas aufgezeichnet sind. Die Gemeinde wird immer kleiner, weil viele Familien auswandern. *Fr–So 10–12 und 15–17 Uhr*

ESSEN & TRINKEN

In Südindien werden häufig vegetarische Speisen angeboten, oft schärfer gewürzt als im Norden, das gilt hier als besser bekömmlich.

Kashi Art Café

Modernes Indien: cool und kunstinteressiert. Zu kleinen Gerichten gibt's Ausstellungen, Theateraufführungen. *Fort Kochi, Burgher Street, Tel. 0484/221 57 69, €*

Pandhal

Nordindische (nicht so scharfe) Küche, Pizza. *MG Road, zwischen Hospital und Club Road (Ernakulam), Tel. 0484/236 77 59, €€*

ÜBERNACHTEN

The Brunton Boat Yard

Herrliche Lage an der Landspitze von Mattancherry. Aus einer Bootswerft des 19. Jhs. wurde ein in Architektur und Design angenehmes Hotel mit Pool, Gärten, Restaurants, Terrasse. *24 Zi., Fort Kochi, Tel. 0484/221 54 61, Fax 221 55 62, www.cghearth.com, €€€*

Malabar House Residency

Insider Tipp

Viel gepriesenes Designerhotel in einem umgebauten Gebäude aus holländischer Zeit. Garten, Kunst-

Bunt geschminkt: Kathakali-Tänzer

len die ereignisreichen Hindu-Göttersagen. Die schweren, reichen Kostüme und Kopfbedeckungen sowie die dicke, bunte Schminke machen die Vorstellung für die Tänzer zur Schwerarbeit, wohl deswegen sind ausschließlich Männer beteiligt. Schon der Vorgang des Schminkens lohnt das Zuschauen. Die Tänzer machen eine jahrelange, harte Ausbildung. Vor den Aufführungen werden meist Inhalt und Symbole erklärt. Für Touristen werden Kurzfassungen der eigentlich nächtelangen Veranstaltungen geboten. Beste Bühne: Das *See India Foundation Kathakali Theatre* bringt seit über 30 Jahren traditionelles Tanztheater unter der Leitung des Prinzipals Devan. *Jeden Abend. Ernakulam, Kalathi Parambil Lane, zwischen Chittor Road und South Ernakulam Junction Railway Station, Tel. 0484/237 94 71*

werke, vorzügliches Restaurant, Pool, Privatatmosphäre. *17 Zi., 1/269 Parade Road, Tel. 0484/221 66 66, Fax 221 77 77, www.malabarhouse.com, €€€*

Old Courtyard
Traditionelle Zimmer mit Atmosphäre. Freundliches Ambiente, gutes Preis-Leistungs-Verhältnis. *8 Zi., Fort Kochi, 1/371, Princess Street, Tel. 0484/221 63 02, www.oldcourtyard.com, €*

AM ABEND

Kathakali
★ Nach uraltem Brauch aufgeführte, hochberühmte, farbige Tanzdramen Keralas, ursprünglich in oder vor Tempeln präsentiert. Sie erzäh-

AUSKUNFT

Govt. of India Tourist Office
Sehr hilfreich. *Neben dem Taj Malabar Hotel, Willingdon Island, Tel. 0484/266 83 52*

Tourist Desk
Gute Auskunft, auch für Kathakali-Vorstellungen. *Main Boat Jetty, Ernakulam, Tel. 0484/237 17 61*

Insider Tip!

ZIEL IN DER UMGEBUNG

Lakkadiven (Lakshadweep) [0]
Nur von Cochin gelangt man zu den Lakkadiven-Inseln, die mit ihren Korallenriffen 200 bis 300 km vor der Küste liegen. Zum Schutz der tropischen Umwelt und der Einwohner, die vom Kokos-Anbau und der Fischerei leben, ist der Zu-

gang nur mit spezieller Erlaubnis gestattet, die zwei Monate vorher mit Pass und vier Passfotos zu beantragen ist. Rasch erhält man die Erlaubnis, wenn zugleich das *Bangaram Island Resort* der Cgh Earth Group gebucht wird, die einzige Komfort-Unterkunft der Lakkadiven (maximal 60 Gäste) – in Südseehütten mit Vollpension, Tauch- und Bootsausflügen (kein TV). Reservierungen: *Bangaram Island Resort, Tel. 0484/266 84 21, Fax 266 80 01, www.cghearth.com,* €€€

GOA

[170–171 C–D5] »Perle des Ostens« nannten die Portugiesen Goa und hielten es 450 Jahre lang kolonial umklammert. Erst seit 1961, als Nehru die militärische Besetzung anordnete, gehört das nur 3700 km^2 große Ländchen zur Republik Indien. Goa (1,4 Mio. Ew.) ist im Gegensatz zu anderen Regionen Indiens nicht so übervölkert und hat auch keine großen Ballungszentren mit Elendsquartieren. Vor allem aber hat es kulturelles Erbe aus zwei Welten vorzuweisen: das alte indische, das selbst durch jahrhundertelange koloniale Unterdrückung nicht verdrängt wurde, und das portugiesisch-mediterrane. Neben herrlich langen Palmenstränden und teils romantischen, teils im Hotelboom verbauten Buchten können Sie Kirchen und Tempel, Karneval und Märkte besuchen.

Vor 40 Jahren kamen die ersten westlichen Touristen, die Hippies. Sie machten Goa in Europa bekannt, und das Verlangen nach Sonne und Meer brachte den Massentourismus in Gang. Viel Geld, auch ausländisches, wurde investiert, was manchem Einheimischen nicht gefiel. Doch schlimmer noch waren die gravierenden Umweltprobleme – unter anderem geriet die Wasserversorgung aus dem Gleichgewicht, und an manchen Stellen wurde zu viel gebaut. Doch das Rad lässt sich kaum mehr zurückdrehen, denn auch die indische wohlhabende Mittelschicht macht zunehmend in Goa Urlaub. Trotz allem versucht man, das heitere goanische Leben zu erhalten und zugleich die verbliebene Natur zu schützen.

Neue Hotels stehen nicht direkt am Sandstrand, sondern hinter einem Palmengürtel, etwa 200 m von der Brandung entfernt. Der Regierung ist es zum Glück nicht gelungen, kleine Restaurants aus der Nachbarschaft der Strände zu vertreiben, auch die Verkäuferinnen mit ihren runden Obstkörben dürfen den Gästen noch Früchte oder Batiktücher am Strand anbieten. In den Ortschaften haben sich jedoch überaus viele Buden mit diversem Schnickschnack etabliert.

Nicht vom Tourismus überrollt wird das Hinterland Goas, sogar die Hauptstadt *Panaji (Panjim)* mit ca. 100 000 Ew. hat sich den friedlichen Charme des Provinziellen bewahrt. Goas Küstenebene steigt nach Osten hin über waldige Hänge zum Dekkan-Hochland an. Von dort kommen die Flüsse und bilden breite Mündungsbuchten am Meer. Bei einer Nord-Süd-Fahrt muss man Fähren benutzen, die zwischen Mai und September dauernd in Bewegung sind: eine beschauliche Art des Reisens. Mit ungewohntem Tempo bewältigt dagegen die erst kurz vor der Jahrtausendwende eröffnete ◅▻ *Konkan Railway* die

Insider Tipp

Die herrlichen, palmengesäumten Strände sind das Kapital von Goa

Strecke von Bombay nach Goa (und weiter nach Mangalore). Mit ihren vielen Tunneln ist die Strecke ein Meisterstück des Bahnbaus, und reich an schönen Ausblicken ist sie außerdem. Frühzeitig buchen (an jedem größeren Bahnhof möglich)!

SEHENSWERTES

Shree-Brahma-Tempel
Seltener Brahma-Tempel, das Kultbild ist wahrscheinlich aus dem 5. Jh. *7 km östlich von Valpoi im Nordosten Goas, nahe Karnataka*

Shree-Mangeshi-Tempel
Typischer Goa-Tempelstil mit einem siebenstöckigen Lampenturm im Hof. *Priol, 22 km östlich von Panaji*

Velha Goa (Old Goa)
Am Ufer des breiten Mandovi-Flusses leuchten weiße Barockkirchen in grünem Parkgelände: Hier war einst die Hauptstadt der portugiesischen Tropen. Geblieben sind auf weiten Rasenflächen Kirchen und Kirchenruinen, die auch an den heiligen Franz Xaver (1506–52) erinnern, den Missionar Goas. In der Kirche *Bom Jesus* sieht man sein silbernes Reliquiar und seinen Sarkophag. Der unverweste Leichnam wird alle zehn Jahre (wahrscheinlich wieder 2004 und 2014) gezeigt. An Xavers Fest am 3. Dezember wird er auch von Gläubigen anderer Religionen verehrt.

Im Zentrum von Velha Goa steht die *Sé (Kathedrale)* mit hohem Schiff und vergoldeten Altären (1562–1619). Nur wenige Schritte entfernt sind in der fast leeren *Franziskus-Kirche* (1661) Wandbilder mit dem Leben des Heiligen zu sehen. Im angeschlossenen Klostergebäude zeigt das *Archäologische Museum* eine Porträtsammlung und interessante Stücke auch aus der vorkolonialen Zeit Goas *(Sa–Do 10 bis 17 Uhr)*. Eine verkleinerte

Nachahmung des Petersdoms in Rom ist die *St.-Kajetan-Kirche* mit den Gräbern der Erzbischöfe und Vizekönige. Vor der Kirche wurden grausame Inquisitionsprozesse gegen Ungläubige abgehalten. *Etwa 10 km östlich von Panaji*

Einfache Lokale, auch direkt am Strand, bieten oft gute einheimische Spezialitäten. Es gibt Schweinefleisch, oft in der scharfen Soße *vindaloo,* sowie Würste und Gerichte, die in Kokosmilch gekocht sind *(foogaths).* Empfehlenswert zum Dessert sind *bebinca* (aus Eierteig und Kokosmilch) oder *dodol,* ein Konfekt aus Cashewnüssen.

ÜBERNACHTEN IN UND BEI PANAJI

Im dicht bewachsenen, palmenreichen Land hinter den Stränden stehen die typischen goanischen Häuser. Manche werden in der Saison wochenweise vermietet, mit zwei bis drei kleinen Zimmern, Küche und teils täglicher Reinigung. Um Wäsche und Handtücher muss man sich oft selbst kümmern. Auskunft in der Nachbarschaft, in Cafés, Läden. Die Hotelauswahl ist groß.

Cidade de Goa
Mediterranes Design, Tennisplätze, Pools, Casino, fünf Restaurants, Strand. *210 Zi., Vainguinim Beach, Dona Paula, 7 km vom Zentrum, Tel. 0832/245 45 45, Fax 245 45 41, www.cidadegoa.com,* €€€

Mandovi
⚜ Traditionshotel mit Dachgarten, Restaurant und Bar. Blick auf den Mandovi-Fluss. *66 Zi., Bandodkar Marg, Tel. 0832/222 44 05, Fax 222 44 51, mandovi_goa@san charnet.in,* €€

Manvins
⚜ Geräumige Zimmer mit Aussicht auf Gärten und Fluss. *28 Zi., im 4. Stock des Souza Tower, Tel. 0832/222 83 05, Fax 222 32 31, manvins@goatelecom.com,* €

ÜBERNACHTEN AN DEN NÖRDLICHEN STRÄNDEN

Aguada Hermitage/ Fort Aguada Beach Resort (Taj)
15 luxuriöse Villen mit Service, jede im altgoanischem Design in einem Garten. Benachbart: das Fort Aguada Beach Resort auf dem Gelände des ehemaligen portugiesischen Forts. Zum Strand geht es steil bergab. *120 Zi., Sinquerim, Bardez, Tel. 0832/227 60 44, fort aguada.goa@tajhotels.com,* €€€

Coco Banana
Goanisch-schweizerische Eigner führen das angenehme, helle Haus tadellos. Mit Garten, hinter dem Calangute-Strand. *6 Zi., 5/139A Umtavaddo, Tel. 0832/227 90 68, Fax 227 64 78, www.cocobanana. goa.com,* €

Tamarind
Bequeme, saubere Steinhütten in schönem Garten, 3 km vom Strand. Restaurant. *24 Zi., Kumar Vaddo, Anjuna, Bardez, Tel. 0832/ 227 43 09, Fax 227 33 63, www.the tamarind.com* €

Tirecol Fort Heritage
⚜ Romantisches, sehr ruhiges Hotel im alten Fort Terekhol über der

Gern gesehen an Goas Stränden

Flussmündung an der Grenze zu Maharashtra. Meerblick, kleines Restaurant. Es werden auch Bootsausflüge angeboten. *10 Zi., auch Suiten, Tel. 02366/26 82 48, ni laya@goatelecom.com, €*

ÜBERNACHTEN AN DEN SÜDLICHEN STRÄNDEN

Hippo Cool

Angenehm und gepflegt, mit Ventilatoren, freundlicher Leitung und Restaurant. *10 Min. hinter der Cavelossim Beach. 6 Zi., Tamborim, Tel. 0832/287 12 01, Fax 287 15 59, €*

The Leela Palace

⚜ Eines der »Leading Hotels of the World«, ausgestattet mit Freude an traditionellem Design und Engagement für überlieferte Architektur. Die Halle prangt in feierlichem Stil der »Siegesstadt« in Karnataka (Vijayanagara). Die geräumigen Zimmer in den rosafarbenen Villen haben Blick auf eine Lagune, Kanäle, Brücken und Gärten. Mehrere Bars und Restaurants. Spiel- und Fitnessclub, Golfplatz. *194 Zi. und Suiten, Mobor, Cavelossim/Salcete, Tel. 0832/287 12 34, Fax 287 13 52, www.theleela.com, €€€*

Longuinhos Beach Resort

Strandhotel mit Garten und guter Küche, AC. *30 Zi., Colva Beach, Salcete, Tel. 0832/278 80 68, Fax 278 80 70, www.longuinhos.net, € – €€*

Majorda Beach Resort

Altportugiesisch eingerichtet, mehrere Restaurants, zwei Min. vom Strand, Garten. *70 Zi. und Bungalows, Majorda, nördlich von Colva, Tel. 0832/275 48 71, Fax 288 11 24, www.majordabeachresort.com, € – €€*

Taj Exotica

⚜ Bester internationaler Standard, eine 225 000 m^2 große Oase der Ruhe. Alle Zimmer, teils in Villen, mit Blick zum Meer. Mehrere Restaurants, Bars, Coffeeshop und Tea Lounge, viele Sportmöglichkeiten (Golfplatz in der Nähe). *140 Zi. und Suiten, Calvaddo Benaulim/Salcete, Tel. 0832/277 12 34, Fax 277 15 15, www.tajhotels.com, €€€*

STRÄNDE

Wenn von den *beaches* die Rede ist, sind meistens *Calangute* nördlich der Hauptstadt Panaji und *Colva* in südlicher Richtung gemeint. Um nur die beliebtesten zu nennen: Westlich von Panaji liegen der palmengesäumte Strand *Dona Paula* und *Miramar.* Nördlich von Calangute schließen *Baga* an sowie *Anjuna.* Vor allem wegen des malerischen Kunsthandwerker- und Flohmarkts (jeden Mittwoch) oberhalb der roten Klippen ist er viel besucht. Bei *Majorda* beginnen die attraktiven Strände südlich der Hauptstadt Panaji, 6 km weiter liegt *Colva,* mittlerweile einer der beliebtesten

Badeorte in Goa. Die südlicheren Strände heißen *Benaulim, Varca, Cavelossim, Mobor, Agonda* und *Palolem* – Namen wie Musik und Strände vom Schönsten: lang und feinsandig. Und glücklicherweise noch nicht verbaut.

AUSKUNFT

**Government of
India Tourist Office**
Communidade Building, Church Square, Panaji, Tel. 0832/222 34 12

Goa Tourism Development Corporation (GTDC)
Viele Tourenangebote. *Trionora Apts., Dr. Alvares Costa Road, Panaji, Tel. 0832/222 67 28, Fax 242 39 26 79 72, www.goa.tou rism.com*

GOKARNA

[171 D5] Der viel besuchte Pilgerort in Karnataka mit seinen hochverehrten Tempeln ist eine Alternative zum touristisch überlaufenen Goa. Südlich von Gokarna liegen mehrere wunderschöne Strände. Bereits internationalen Ruf genießt die *Om Beach*. Großes Shivrati-Fest mit Tempelwagen im Februar/März!

ESSEN & TRINKEN

Namaste Café
Auch Gerichte, die auf einer heißen Steinplatte gebraten und serviert werden. *Am Om-Strand,* €

ÜBERNACHTEN

Schlichte Hütten am Strand oder Guesthouses und Hotels in Gokarna.

Vaibhav Nivas
Einfach und freundlich, Zimmer teils mit Bad. Restaurant. *Abseits der Hauptstraße, Tel. 08386/56 14,* €

HAMPI

[171 E5] Es sind nicht nur die Ruinen der untergegangenen Königsstadt ★ *Vijayanagara,* die den entlegenen Ort (5000 Ew.) so anziehend machen. Wer auf engem Pfad den Matangahügel ersteigt, sieht wie in einem riesigen Steingarten südlich des Flusses Thungabadhra zwischen gewaltigen Felsformationen die grazilen *Mantapas,* kleine Steinpavillons, verstreut. In einem etwa 26 km^2 großen Ruinenareal – Taxis und Leihfahrräder stehen bereit – liegen die Überreste der einst mächtigsten Metropole Südindiens. Von hier aus herrschten seit 1336 Hindu-Dynastien über weite Teile Südindiens und Sri Lankas.

Als 1565 eine muslimische Allianz das Hindu-Heer vernichtend geschlagen hatte, wüteten die Sieger fünf Monate lang in der Stadt. *Vijayanagara* (die Siegesstadt) erholte sich von diesem Schlag nie wieder. Inzwischen als Unesco-Welterbe anerkannt, ist Hampi Anziehungspunkt für Touristen geworden, allerdings auch für Diebe: Schilder warnen davor, die Ruinen in der Dämmerung zu besichtigen. *Eintritt zu den wichtigsten Monumenten je 5 Dollar*

SEHENSWERTES

Royal Enclosure
Auch wenn von den Palästen nur noch die Fundamente stehen, kann man sich mit etwas Phantasie die

Hampi: das Ruinenareal von Vijayanagara, der ehemaligen Königsstadt

vergangene Pracht vorstellen. Leicht sind die Wasserleitungen zu erkennen, die über das ganze Gelände verlaufen, und an so manchem Fundament sind noch die Pfostenlöcher der hölzernen Bauten sichtbar. In der Nähe liegt der *Hazara-Rama-Tempel* (Taschenlampe mitnehmen!), an dessen Außenwänden über 100 Reliefbilder Szenen aus dem Ramayana zeigen, dem ältesten indischen Epos. Im Inneren sind einzigartig verzierte Säulen aus schwarzem Granit zu sehen.

Virupaksha-Tempel

Schon lange vor der Gründung Vijayanagaras im 14. Jh. muss der Tempel Pilger angezogen haben, noch heute ist er der heiligste des Geländes. Es ist ein Komplex mit mehreren Schreinen, von weitem am 56 m hohen *Gopuram* (Tempelturm) zu erkennen. Sehenswert ist vor allem die *Ranga Mantapa* (roter Pavillon), 1510 von König Krishna-

deva erbaut, dem mächtigsten Herrscher Vijayanagaras (reg. 1509–29). Die Hälfte der 38 Säulen zeigt Yali, eine mythische Löwenfigur. *Sonnenaufgang bis -untergang, am Westende von Hampi Basar*

Vittala-Tempel

Warum zerstörten die muslimischen Eroberer diesen Tempel nicht? Die 56 fragilen Säulen, die aus einem Block geschnitzt und innen hohl sind, wären ein leichtes Ziel für die Aggressoren gewesen. Heute versuchen Wärter verzweifelt, Busladungen von Besuchern vom Berühren der zerbrechlichen Kunstwerke abzuhalten. 1513 von Krishnadeva Raja begonnen, ist das nie ganz fertiggestellte Heiligtum ein Beispiel der für Vijayanagara typischen Granitschnitzerei. Der reich verzierte Steinwagen auf dem Hof gilt als eines der Wahrzeichen Hampis. *Am Nordrand des Ruinenfelds, nahe dem Flussufer*

Zenana Enclosure

Dieser Bereich soll der Königin und ihren Hofdamen vorbehalten gewesen sein. Hier befindet sich auch das Schmuckstück Vijayanagaras, der *Lotus Mahal*, der indische und muslimische Architektur verbindet. Der Name weist auf den blütenähnlichen Grundriss hin. Hier befinden sich auch die einstigen Elefantenställe. *Hinter dem Hazara-Rama-Tempel*

ESSEN & TRINKEN

In Hampi gibt es einige kleine Restaurants und Imbissbuden. Wer gut essen will, sollte ins 13 km entfernte *Hospet* fahren.

ÜBERNACHTEN

Malligi Tourist Home
Das beste Hotel in der Nähe von Hampi, in Hospet. Das Terrassenrestaurant *Madhu Paradise* serviert süd- und nordindische Küche sowie europäisches Frühstück. Mit Swimmingpool. *116 Zi., Jabunatha Road, Tel. 08394/22 81 01, Fax 22 70 38, www.malligihotels.com, €*

AUSKUNFT

Tourist Information Counter
Hampi Basar, Tel. 08394/24 13 39

MADRAS (CHENNAI)

[175 E2] Die viertgrößte der indischen Megastädte (6,5 Mio. Ew.) zieht Touristen an, weil sie ein guter Ausgangspunkt zu Zielen an der Koromandelküste und anderswo im östlichen Teil Südindiens ist. Die Bequemlichkeiten guter Hotels verdankt man allerdings nicht einem großen Tourismusgeschäft, sondern der Rolle, die Madras als Standort der Auto-, Elektro- und Feinmechanikindustrie mit Investitionen von internationalen Multiunternehmen spielt.

Christen halten an der Überlieferung fest, der Apostel Thomas habe in Madras gewirkt, obwohl Historiker sagen, dass erst zwei Jahrhunderte später Kaufleute aus Mesopotamien in Kerala die ersten Anhänger Jesu in Indien waren. In Madras, das im 16. Jh. von den Portugiesen und vom 18. bis 20. Jh. von den Briten beherrscht wurde, sind noch einige Bauten aus dem 17. Jh. erhalten. Die Lage am 13 km langen Strand ist tropisch-angenehm. Die stolzen Einwohner der Hauptstadt von Tamil Nadu sprechen Tamil und halten nichts von der Bevormundung durch die Zentralregierung im Norden. So bestehen sie auf dem Tamilnamen Chennai für ihre Stadt.

Von Madras aus sind vor allem Mahabalipuram (Mamallapuram) und Kanchipuram, Stätten indischer Hochkultur, und Tirupathi mit dem Venkateshvara-Tempel in Tagesfahrten gut zu erreichen.

SEHENSWERTES

Filmstadt Chennai
Die AVM-Studios erlauben ihren Besuchern, sich zwischen den Kulissen frei zu bewegen und bei den Dreharbeiten zuzuschauen. Im Gelände gibt es auch eine Gokart-Strecke. *38, Arcot Road, Vadapalani, Tel. 044/24 84 31 83, tgl. 8–20 Uhr; 10 km stadtauswärts, Bus 17M von Anna Salai, 17E von Egmore Station, Eintritt frei*

Fort St. George

Das Fort wurde um 1650 von den Portugiesen erbaut, später von den Briten beherrscht, heute benutzt der indische Staat die Gebäude. Die alte *St. Mary's Church* (1680) erinnert mit Gedenktafeln an den englischen Gouverneur von Bengalen Robert Clive, der hier heiratete, und an Elihu Yale, Stifter der gleichnamigen amerikanischen Universität. Im Norden des Forts ist der *High Court* noch ein typischer Bau der Kolonialzeit (1892), mit Kuppeln, Fensterbögen und rot-weißer Fassade. Das *Fort Museum (Sa–Do 10–17 Uhr)* ist eine Fundgrube der indischen Geschichte – mit Porzellan der muslimischen Nawabs, einer Galerie britischer Majestäten und Gouverneure, alten Stadtansichten und Landkarten.

Kapaleeswarar-Tempel

Im südlichen Stadtteil Mylapore steht der 300-jährige Shiva-Tempel mit steilem Turm, der ganz mit Skulpturen bedeckt ist. Das Innere dürfen nur Hindus betreten.

Straßenszene in Madras

St. Thomas Church

Die römisch-katholische Kirche im Süden der *Kamarajar Salai* wurde erst um 1890 gebaut, wird von vielen aber für die Grabkirche des heiligen Thomas gehalten, der angeblich 52 n. Chr. nach Indien kam.

MUSEUM

Chennai Government Museum

Neben vielem anderen kann man sich in der Art Gallery an einer der besten Sammlungen antiker indischer Bronzeskulpturen (11. Jh.) erfreuen. Schöne Darstellungen von Hindu-Göttern (Shiva, Rama, Sita), auch Bronzen buddhistischer Herkunft. *Sa–Do 9.30–17 Uhr, Pantheon Road*

ESSEN & TRINKEN

Annalakshmi

Das freundliche Lokal bietet südasiatische Spezialitäten und Vollwertkost an. *804, Anna Salai Road, Tel. 044/28 55 02 96, €€*

Dynasty

Gute chinesische und südindische Küche im beliebten Restaurant. *Im Harrison's Hotel, 154/5 Village Road, Tel. 044/28 27 52 71, €€*

Rain Tree

Inside Tipp

Das Restaurant des traditionsreichen Hotels Taj Connemara serviert abends zu Vorführungen von Tanz und volkstümlicher Musik das Buffet auch im Garten. *Binny Road, Tel. 044/55 00 00 00, €–€€*

Udipi Home Mathsya

Reiches Angebot vegetarischer Speisen in gepflegter Umgebung. Klimaanlage. *1, Hall's Road, Egmore, €*

Chennai (Madras)

1 km

Bay of Bengal

1 Government Museum
2 Museum Theatre
3 National Art Gallery
4 Rajaratnam Stadium
5 Poompuhar Sales
  Emporium
6 State Bank of India
7 Children's Theatre
8 Madras University
9 Gandhi Mandapam
10 Children's Park
11 Deer & Snake Park
12 Anna Samadhi
13 Valluvar Kottam

Woodlands Drive-in-Restaurant

Einfaches, aber beliebtes und bewährtes Restaurant. Vegetarische Küche von 6 bis 21 Uhr. *30, Cathedral Road,* €

EINKAUFEN

In Madras werden die gleichnamigen, vielfarbig karierten Baumwollstoffe hergestellt. Auch die Seidenstoffe aus dem Tempelort *Kanchipuram* sind berühmt. Qualitätsangebote und Maßschneidereien finden Sie in der *Anna Salai Road.*

ÜBERNACHTEN

New Woodlands

Mit Garten, Restaurant, kleinem Pool. *172 Zi., teils AC, 72–75, Radhakrishna Road, Tel. 044/28 11 31 11, Fax 28 11 04 60, www.newwoodlands.com,* €

Parthan

Ruhig, nahe einem Park. 29 geräumige, saubere Zimmer. Chinesisches Restaurant. *75, GN Chetty Road, Tel. 044/28 24 15 92, Fax 28 24 15 91, parthan@md5.vsnl.net.in,* €

Residency

◁▷ Obere Stockwerke mit gutem Ausblick, beliebtes Restaurant (reservieren). *112 Zi., 49, GN Chetty Road, Tel. 044/28 25 34 34, Fax 28 25 00 85, €*

Taj Connemara

Aufwändige Ausstattung, teils im Art-déco-Stil, vier Restaurants und Bar, Swimmingpool. *150 Zi. und Suiten, Binny Road, Tel. 044/ 28 52 01 23, Fax 285 23 33 61, www.tajhotels.com, €€€*

AM ABEND

Zur Wahl stehen klassische indische Musik mit alten Instrumenten, der klassische indische Tanz *Bharata Natyam* oder ein Kinofilm auf Englisch. Informationen in den englischsprachigen Tageszeitungen.

AUSKUNFT

Government of India Tourist Office

154, Anna Salai, Tel. 044/ 28 46 14 59, Fax 28 46 01 93, www.incredibleindia.org, am *Domestic Airport 24-Std.-Schalter,* am *International Airport* bei Ankunftszeiten geöffnet.

ZIEL IN DER UMGEBUNG

Kanchipuram   [175 E2]

Die ehemalige Hauptstadt des Pallava-Königreichs, heute kurz Kanchi genannt (200 000 Ew.), ist eine der sieben heiligen Städte Indiens. Insider Tipp Außerdem kommt die am besten verarbeitete Seide von hier. Schon für die Pallava-Könige (6.–9. Jh.) wurde sie gewebt. Über 1000 Tempel sollen in Kanchipuram gestan-

den haben, heute sind es noch 124. Die *Gopurams*, typische südindische Tempeltürme, sind schon von weitem zu sehen. In Kanchi herrscht stets großer Andrang von Pilgern.

Die wichtigsten Tempel: *Shri-Ekambaranathar-Tempel,* ein Shiva-Tempel mit einem 59 m hohen *Gopuram,* der aus dem 16. Jh. stammt. Nicht-Hindus bleibt das Tempelinnere verschlossen, aber offen ist der Weg zum Tempelteich mit den heiligen Fischen und zum heiligen Mangobaum, der an vier Ästen vier verschiedene Mangofrüchte trägt, die die vier *Veden* (heilige Schriften) symbolisieren. Der *Kailasanatha-Tempel,* einer der ältesten, im 7. Jh. erbaut, ist ein gutes Beispiel der frühen drawidischen Kunst. Zwar sind die Sandsteinverzierungen verwittert, doch innen ist Malerei erhalten, die einen Eindruck von einstiger Pracht vermittelt. Der Tempel *Dewarajaswami (Varadaraja)* ist ein monumentales Beispiel der Vijayanagara-Architektur mit Löwen und anderen eindrucksvollen Steinskulpturen einer 96-Säulen-Halle (genannt Tausend-Säulen-Halle). *Meist sind die Tempel zwischen 12 und 16 Uhr geschlossen.*

Eine einfache Unterkunft mit einigen klimatisierten Zimmern ist das *Tamil Nadu (TTDC, Station Road, Tel. 04112/22 25 53, Fax 22 25 52, €). 70 km südwestlich*

MADURAI

[175 D4] Mit 1,3 Mio. Ew. ist die Stadt Industriestandort und wichtiges Textilzentrum, zugleich aber auch ein uralter Tempelort, der von Millionen Pilgern besucht wird, die hier die mächtige Göttin Meenakshi verehren. Madurais Anfänge reichen bis ins 6. Jh. v. Chr. zurück. Eine lange kulturelle Blütezeit erlebte die Stadt vom 6. bis zum 14. Jh. n. Chr. unter den Dynastien der Pandyas und Cholas, bis zur Zerstörung durch muslimische Eroberer Anfang des 14. Jhs. Von 1364 an herrschten dann zwei Jahrhunderte lang die Vijayanagara-Fürsten. Außer dem berühmten *Shri-Meenakshi-Tempel,* einem der besten Werke drawidischer Architektur, besitzt die Stadt mehrere Museen, u. a. das *Gandhi Memorial Museum.*

Eine neue kulturelle Glanzzeit brachte die Hinduherrschaft der Nayak-Dynastie bis zum Ende des 18. Jhs. Das Viereck der Straßen, die von der Britisch-Ostindischen Kompanie um 1840 an Stelle der alten Befestigungen angelegt wurden, begrenzt die Altstadt bis heute. Madurai hat heute einen eigenen Flughafen.

Shri-Meenakshi-Tempel

Das ausgedehnte, fast rechteckige Tempelgelände liegt im Zentrum der alten Stadt östlich vom Bahnhof. Die neun steilen, treppenförmigen Türme überraschen mit einem Figuren- und Farbenrausch dicht gedrängter Götter, Tiere, Dämonen und Kraftmenschen aus Granit und Stuck. Der mit 48 m höchste Turm darf zuweilen von innen bestiegen werden. Touristen dürfen Tempelgelände und Tempel betreten, nur der Zugang zum innersten Heiligtum mit dem Schrein der Göttin ist ihnen nicht gestattet.

Meenakshi soll die Tochter eines Pandya-Königs gewesen sein, die mit drei Brüsten geboren wurde. Ihr wurde vorausgesagt, dass sie normale Gestalt annehmen würde, sobald ihr künftiger Ehemann sie erblickte. Er kam, es war Sundareshwarar, eine Inkarnation des

Shri-Meenakshi-Tempel: Die Türme sind mit bunten Skulpturen bedeckt

Gottes Shiva. Der Kult einer Muttergottheit wurde so in die patriarchalische Hindu-Religion eingebunden.

Der Tempel wurde in seiner heutigen Gestalt im 17. Jh. erbaut, aber seine Geschichte ist mehr als 2000 Jahre alt. Besonders sehenswert ist die *Ayrangal Madapan,* die so genannte Tausend-Säulen-Halle, in der Kunstschätze des Tempels ausgestellt sind. *Tgl. etwa 7–19 Uhr (der Eingang befindet sich im Süden des Areals)*

Insider Tipp

MUSEUM

Mangammal-Palast
Informative und detaillierte Ausstellung zur Erinnerung an Mahatma Gandhi und die Geschichte der indischen Unabhängigkeit. *Thangaraj Road, tgl. 10–13 und 14–17.30 Uhr*

ESSEN & TRINKEN

Taj Restaurant
Leckere *thalis,* freundlicher Service. *10, Town Hall Road, € – €€*

Tamil Nadu II Star
Gute Qualität indischer und chinesischer Küche. *Alagarkoil Road, Nar Collector's Office, Tel. 0452/ 253 74 62, €*

ÜBERNACHTEN

Park Plaza
Komfortabel und klimatisiert, mit gutem Service und günstiger Lage (Nähe Bahnhof und Shri-Meenakshi-Tempel). Gutes Restaurant mit Dachgarten. *55 Zi., 114, W Perumal Maistry Road, Tel. 0452/ 253 21 12, Fax 301 11 22, www. hotelparkplaza.net, €*

Indisches Kino

Auf der Leinwand ist genauso viel los wie im Publikum

Die knallbunten Filmplakate zeigen Mädchen mit langen, blauen Wimpern, rosa Wangen, goldenem Schmuck, Gangster mit schwarzem Schnauzbart und stahlblauem Revolver, von roten Blüten umgeben. Sie locken die Zuschauer in die Kinos, die in kleinen Orten oft die größen Bauwerke sind. In den fensterlosen Klötzen tost die Filmmusik, mal schmeichelnd, mal schrill. Mit jährlich 700 bis 900 neuen Filmen ist Indiens Filmindustrie weltweit am produktivsten, neben Mumbai sind Madras (Chennai), Hyderabad und Calcutta (Kolkata) die wichtigsten Zentren. Auch in westlichen Ländern wird Bollywood immer beliebter. Melodramen und Komödien zielen auf ein Milliardenpublikum, das unterhalten sein will. Kaum ein Streifen kommt ohne romantische Liebe aus, dafür wird an provokativen Sexszenen gespart. Wenn Indiens Superstar Amitabh Bachchan einen alternden Mann spielt, der ein junges Mädchen liebt, ist das bereits ein Tabubruch. *www.bollywood.de, www.planetbollywood.com, www.indiafm.com*

Taj Garden Retreat

Schöner kann man in Madurai nicht wohnen. Park, Pool, Fernblick. *50 Zi., Pasumalai Hill, Tel. 0452/237 16 01, Fax 237 16 36, www.tajhotels.com,* €€€

Tourist Department Main Office
West Veli Street (Hotel Tamil Nadu), Tel. 0452/233 74 71, Fax 233 47 57, www.tamilnadutourism.org

ZIEL IN DER UMGEBUNG

Periyar Tiger Reserve [174 C4]

Das Wildreservat ist etwa 780 km² groß – ein schönes Stück Dschungel. 1934 wurde es zum Schutz wild lebender Elefanten, Tiger, Panther, Büffel und anderer Tiere eingerichtet. Bei Bootsfahrten über den Periyar-See können Sie fast immer Tiere am Ufer beobachten. Geführt dürfen Sie sich zu Fuß zu den Elefanten aufmachen, auf dem *Tiger Trail* auch mit Zeltübernachtung. *Infos: Wildlife Information Centre im Aranya Nivas Hotel.* Dieses Hotel *(26 Zi., Tel. 0486/ 232 20 23, Fax 232 22 82, www.ktdc.com, €€–€€€)* liegt direkt über dem See. Dazu gehört das exklusive *Lake Palace Hotel (6 Suiten, Tel. 0486/232 20 23, Fax 232 22 82, www.ktdc.com, €€€)* im Kolonialstil. Reservieren! *150 km westlich*

Ein Languren-Exemplar im Periyar Tiger Reserve

nen könnte, war zwischen dem 6. und 9. Jh. n. Chr. die blühende Hafenstadt des mächtigen Reiches der Pallavas. Sie verbreiteten indische Kultur bis nach Indonesien hinein. Bewundernswerte frühindische Heiligtümer blieben erhalten. Sie zeigen Bilder indischer Mythologie in kunstvollen Reliefs. Manche sind aus dem Naturfels herausgearbeitet.

MAHABALIPURAM (MAMALLAPURAM)

[175 E2] Was mit Dutzenden Hotels und Restaurants wie ein beliebiger Badeort (12 000 Ew.) erscheinen

SEHENSWERTES

Arjunas Buße

★ Das enorm große (etwa 30 mal 12 m) Relief ist in zwei mächtige Felsen gemeißelt. Der Spalt zwischen ihnen ist ins Bild einbezogen: Er stellt den Ganges dar, der vom Himmel auf das dürstende Indien herabgeschickt wurde. Alle Götter- und Menschengestalten der meisterlichen Komposition beziehen sich auf dieses Ereignis. An die 400

Figuren – Affen- und Elefantengruppen, Götter, Menschen – sind zu sehen. Den Namen hat das riesige Relief daher, dass man glaubte, auch Arjuna aus dem Epos Mahabharatha sei dargestellt, wie er die Götter um eine unfehlbare Waffe bittet.

Küstentempel

Der Haupttempel dicht am Meer stammt aus dem 7. Jh. Er ist nicht aus dem Felsen gehauen, sondern aus Blöcken aufgebaut. Ehedem gab es hier sieben solcher Tempel, dieser ist Shiva und Vishnu geweiht und wie das Arjuna-Relief zum Welterbe erklärt worden. Jetzt schützen moderne Wellenbrecher das Bauwerk, doch hat die Brandung ihre Spuren an den Nandis (Stierdarstellungen) auf der Ufermauer hinterlassen.

Mahishamardini-Schrein

Hinter dem Arjuna-Relief geht es zu zehn Höhlentempeln; der bekannteste ist der Göttin Mahishamardini (Durga) geweiht. Darstellungen zeigen sie auf einem Löwen, wie sie zwei Dämonen angreift.

Pancha Pandava Rathas

Fünf *(pancha)* Tempel aus dem 7. Jh.: Jeder wurde aus einem einzigen Felsen in Form eines Prozessionswagens herausgemeißelt. Ihre Namen stammen aus dem Epos Mahabharata: Es sind die der Pandava-Prinzen Arjuna, Bhima, Nakula, Sahadeva und Yudhishtira.

Insider Tipp

Fisherman's Cove

Taj-Resort mit bewährtem Taj-Luxus, mit großem Garten und Pool, Einrichtungen für Sport und Kinder. Sehr erholsam! *50 Zi. und 38 Cottages, 8 km nördlich an der Covelong Beach, Kanchipuram District-603112, Tel. 04114/743 04, Fax 743 03, www.tajhotels.com, €€€*

Ideal Beach Resort

Direkt am Meer. Pool und netter Garten. *40 Zi., Covelong Road, Tel. 044/27 44 22 40, Fax 27 44 22 43, www.resorts.india.com, €€*

Sterling Mahabalipuram

Nahe beim Küstentempel hat Sterling-Chef Steve Borgia ein individuell gestaltetes Resort eröffnet – samt Ayurveda und Yoga, Pool, Exkursionen und Multicuisinerestaurant. *30 Zi. und Suiten, Shore Temple Road, Tel. 044/24 98 41 14, Fax 24 99 82 75, www.sterlingswamimalai.net, €€*

Tourist Office

Covelong Road, nördlich der Othavadai Street, Tel. 04114/24 22 32, www.tamilnadutourism.org

MYSORE

[174 C2] Als Hauptstadt des Staates Karnataka hat Bangalore der einstigen Maharaja-Stadt Mysore den Rang abgelaufen, aber dafür hat sich Mysore (650 000 Ew.) mit breiten Alleen, Palästen und Parks etwas vom alten Charme einer Residenz erhalten. Die »Stadt des Sandelholzes« eignet sich als Standquartier für Ausflüge zu den Tempelstätten Belur, Halebid und Shravanabelagola. Auch der Chamundi Hill mit seinen Tempeln und die Museen der Stadt lohnen den Besuch.

Mysore: der märchenhaft erleuchtete Palast Amba Vilas

SEHENSWERTES

Mysore-Palast (Amba Vilas)

Der prächtige indosarazenische Palast der Wodeyar-Herrscher (reg. bis 1947) wurde vom Briten Henry Irwin 1912 vollendet. Es handelt sich um einen Neubau an Stelle des abgebrannten alten Palastes. Zu Festzeiten und jeden Sonntagabend werden die Umrisse der Arkaden, Türmchen und Kuppeln mit Abertausenden von Glühbirnen illuminiert. Innen erfreuen in der *Kalyana Mandapa,* dem königlichen Hochzeitssaal, die Kristalllüster aus böhmischem Glas, die belgischen Glasmosaiken und die englischen Bodenfliesen mit Pfauenmotiv sowie schwere silberne und kristallene Stühle in den Nebenräumen. Im ersten Stock sind in der *Durbar-Halle* (für Audienzen des Herrschers) die Säulen bemalt und reich vergoldet. Weißer Marmor, der im Mogul-Stil mit Einlegearbeiten aus Halbedel-

steinen verziert ist, ergänzt die Pracht. Die rein silbernen Türen in der *privaten Durbar-Halle* stammen aus dem abgebrannten Vorgängerpalast, sind also viel älter als alles andere rundum. Das *Museum* der königlichen Familie im hinteren Teil des Gebäudes zeigt u. a. Miniaturmalereien aus Tanjore und Kerala, auch Privates und Kurioses. *Tgl. 10.30–17.30 Uhr*

ESSEN & TRINKEN

Park Lane

Vegetarisch und nicht vegetarisch, auch von Einheimischen gern besucht. *Shree Hargha Road (nah beim Palast), Tel. 0821/243 04 00, parklanemysore@yahoo.com,* €€

Shilpashri

Gute Gerichte, auch für den europäischen Geschmack, gekühltes Bier. Dachterrasse. *Gandhi Square, Tel. 0821/244 85 58,* €€

ÜBERNACHTEN

The Green Hotel
Ehemaliger Prinzessinnen-Palast mit Park, Bücherei, Krocket und modernem, preisgünstigerem Flügelbau. Umweltfreundlich und sozial engagiert (beispielhafte Arbeitsverträge). *55 Zi., 5 km westlich vom Stadtzentrum, 2270 Vinoba Road, Tel. 251 25 36, Fax 251 61 39, greenhotel@sancharnet.in, €–€€*

Lalitha Mahal Palace Hotel
Nostalgischer Luxus im ehemaligen Gästepalast des Maharajas. Speisesaal im klassizistischen Stil, Pool, großer Garten. *54 Zi., 5 km vom Stadtzentrum, Sidharta Nagar, Tel. 0821/247 04 70, Fax 247 05 55, www.lalithamahalpalace.com, €€€*

Mysore Dasaprakash
Einfaches Quartier mit vegetarischem Restaurant. *145 Zi., meist mit Bad, Gandhi Square, Tel. 0821/244 24 44, Fax 244 34 56, www.mysoredasaprakashgroup.com, €*

AUSKUNFT

KSTDC Tourist Office
Old Exhibition Building, Irwin Road, Tel. 0821/242 20 96 und 242 36 52

ZIELE IN DER UMGEBUNG

Chamundi Hill   [174 C2]
Auf der Spitze des Hügels befindet sich der große Durga-Tempel Shri Chamundesvari, dessen 40 m hoher Turm nach südindischer Art mit einer Fülle farbiger Skulpturen geschmückt ist. Mehrere Nebentempel. Auf einer Terrasse am Hang steht eine monumentale Stierfigur (Nandi) aus einem Granitblock. *7 km südwestlich*

Somnathpur   [174 C2]
Der Sri-Channakeshara-Tempel, ein Hoysala-Tempel (13. Jh.) mit sternförmigem Grundriss, hat drei Schreine für verschiedene Inkarnationen Vishnus. An den Außenwänden meisterliche Reliefs. *33 km südöstlich*

Srirangapatnam [174 C2]

Die Flussinsel erinnert an Tipu Sultan und seinen Widerstand gegen die Briten – sein Gegner war der Duke von Wellington, der später in Waterloo Napoleon besiegte. Festungsmauern, Sommerpalast mit interessantem *Museum (Sa–Do 9–17 Uhr),* Mausoleum, auch dörfliches Leben und Hindu-Heiligtümer. *12 km nördlich*

PONDICHERRY

[175 E2] 160 km südlich von Madras erreichen Reisende Pondicherry (600 000 Ew.) am besten auf der Straße, denn per Bahn ist der Weg lang und umständlich. Nostalgisch-französisch mutet die *Ville blanche* an, die »weiße Stadt« mit ihren Kolonialhäusern und einigen französischen Schildern, mehreren Kirchen und Museen. Sie liegt zwischen dem Meeresufer und einem zugeschütteten Kanal, der den ovalen Stadtgrundriss teilte. Noch bis 1965 gehörte die Stadt zum französischen Kolonialreich. Auf der anderen Seite des Kanals ist Pondicherrys Straßenbild ganz und gar indisch. Die meisten westlichen Besucher kommen jedoch wegen des Ashrams von Aurobindo.

SEHENSWERTES

Aurobindo Ashram

🏃 Sri Aurobindo gründete seine spirituelle Begegnungsstätte 1926 und versuchte, indische Kultur mit westlicher Rationalität zu verbrüdern. Nach seinem Tod 1950 übernahm seine Nachfolgerin Mira Richard (1878–1973), Frau eines französischen Diplomaten, im Ashram bald *Mother* genannt, die geistige und wirtschaftliche Führung. Im Hof des Ashrams die Grabstätten von Sri Aurobindo und The Mother. *Visitor Centre, Tel. 041386/ 262 22 39, Fax 262 22 74*

Auroville

Mira Richard gründete 1968 die Stadt Auroville, 12 km von Pondicherry entfernt, ein Friedens- und Harmonieprojekt. Siedler aus vielen Ländern und Kulturen kamen, um in Landwirtschaft, Technologie und Handwerk experimentell zusammenzuarbeiten. Ein Wachstumsschub der letzten Jahre vermehrte die Zahl der Aurovillaner auf rund 1600. Die Gemeinschaft mit ihren im Wald und bis zum Meer weit gestreuten Siedlungen will nicht als Sehenswürdigkeit gelten, doch immer mehr Besucher kommen. Auch wegen der – noch nicht vollendeten – Meditations-Architektur der 30 m hohen, goldglänzenden *Matrimandir-Kugel.* Auskunft im Besucherzentrum *(www.auroville.org).* Zahlreiche Gästehäuser, auch am Strand *(guests@auro ville.org.in).*

ESSEN & TRINKEN ÜBERNACHTEN

Center Guest House

Im Zentrum Aurovilles, mit Mahlzeiten und Leihrad. *30 Zi., Tel. 0413/ 262 21 55 (nach Tineke fragen), centerguesthouse@auroville.org.in,* €

Hotel De l'Orient

Geglückte Heritage-Restaurierung, mit Garten und delikater Küche. *10 Zi. und Suiten, 17, Rue Romain Rolland, Tel. 0413/234 30 67, Fax 22 22 78 29, www.neemranahotels.com, €€, im Anbau €*

ZIEL IN DER UMGEBUNG

Chidambaram   [175 E3]

Der Nataraja-Tempel überwältigt durch seine Größe und die wuchtige Höhe seiner vier Türme *(Gopurams)*. Zwei davon sind dicht besetzt mit einem Figuren-Bildkatalog von 108 Posen des kosmischen Tanzes. Der Gott Shiva, dem der Tempel (10. Jh.) geweiht ist, verkörpert tanzend die dynamische Kraft des Feuers. Gesangs- und Trommelrituale steigern den Eindruck *(tgl. von Sonnenaufgang bis 12 und 16–21 Uhr)*.

Übernachtung in den geräumigen, ruhigen und freundlichen *Ramanathan Mansions (28 Zi., 127 Bazar Street, Tel. 04144/22 24 11, €)*. Tourist Office im Hotel Tamil Nadu, Railway Feeder Road, Tel. 04144/22 27 39. 60 km südlich

TANJORE (THANJAVUR)

[175 D3] Die Stadt (220 000 Ew.) ist Mittelpunkt eines Reisanbaugebiets am Flussdelta des Cauveri und war vom 10. bis 14. Jh. Hauptstadt des Chola-Königtums, das große Teile Südindiens beherrschte.

SEHENSWERTES

Brihadisvara-Tempel

Der Tempel stammt aus der Blütezeit der Chola-Dynastie. Vor 1100 Jahren wurde die Kuppel aus einem 81 t schweren Felsblock auf den 61 m hohen Tempel gesetzt. Dafür ließ König Rajaraja vermutlich eine 6 km lange Erdrampe bauen, auf der langsam der Block hinaufgeschoben wurde. Der viel bewunderte Tempel ist mit Tanzdarstellungen geschmückt, an der Außenmauer sind in Schreinen über 250 Shiva-Lingams (Fruchtbarkeitssymbole) bewahrt. Ein riesiger Nandi-Bulle aus einem Granitfelsen liegt vor dem Hauptheiligtum. *Meist von 13–15 Uhr geschl., Eintrittsspende erwartet*

Nayak-Palast

Nordöstlich des Tempels trifft man inmitten der Altstadt auf das Fort der Nayaks aus dem 16. Jh., erbaut auf den Ruinen eines Chola-Palastes. Werfen Sie einen Blick in die *Saraswati Mahal Library* mit über 40 000 seltenen Büchern und 8000 Palmblatt-Manuskripten. Die *Art Gallery* birgt eine Sammlung herrlicher Bronzeskulpturen aus dem 9. bis 12. Jh., das *Royal Museum* Erinnerungen der letzten beiden Jahrhunderte. Aussichtsturm *(Bell Tower). Tgl. 9–13, 15–18 Uhr*

ESSEN & TRINKEN ÜBERNACHTEN

Hotel Ritz

Komfortables Haus mit zwei Restaurants. *22 Zi. (AC), 2, V. G. P. Road, Tel. 04144/22 33 12, Fax 22 10 98, ritzhotel@tanjorenet.in, €*

Sangam

Vorzüglich ausgestattet. Angenehmes Restaurant, Bar und Pool. *54 Zi., Trichy Road, Tel. 04362/233 94 51, Fax 233 94 52, www.hotelsangam. com, €€€*

AUSKUNFT

Tourist Office Tamil Nadu

Jawan Bhawan, nahe beim Bahnhof, Tel. 04362/22 30 17

ZIEL IN DER UMGEBUNG

Swamimalai [175 D3]

Insider
Tipp

Der kleine Ort inmitten eines ländlichen, parkartigen Grüns ist berühmt für seine Bronzegießer mit tausendjähriger Tradition. Zudem ist er ein günstiges Standquartier für Exkursionen zu den großen Tempeln der Chola-Dynastie (z. B. Chiddambaram) mit herrlichen Skulpturen wie auch zu den ursprünglichen Dörfern des Cauvery-Deltas, einer Korn- und Reiskammer Indiens. Bestes Standquartier: das *Sterling Resort Swamimalai,* idyllisch und umweltfreundlich, mit Bungalows (AC), Ayurveda, Musik- und Kulturprogramm sowie vorzüglicher Küche *(24 Zi., Tel. 044/24 99 81 21, Fax 24 99 82 75, www.sterlingswamimalai.net, €–€€). 35 km nordöstlich, bei Kumbakonam*

TRICHY (TIRUCHIRAPALLI)

[175 D3] Die wirtschaftlich und industriell aktive Stadt (ca. 850 000 Ew.) liegt verkehrsgünstig in der Mitte Tamil Nadus, nicht weit von einem Fort der Chola-Herrscher, die von dieser Erhebung aus das Cauveri-Delta kontrollierten. Trichy eignet sich gut als Standquartier zur Erkundung Tamil Nadus. Hier werden übrigens die meisten künstlichen Diamanten Indiens produziert.

SEHENSWERTES

Rock-Fort-Tempel

437 Stufen steigt man hinauf zur herrlichen Aussicht. Manchmal darf man gegen eine Spende sogar in den *Tayumanasvami-Tempel* auf halber Höhe und in den *Vinayaka-Tempel* auf dem Gipfel – beide sind Shiva geweiht. Das Fort wurde um 1660 erbaut, rund tausend Jahre älter sind die Höhlentempel der Pallava-Zeit mit schöner Steinschnitzerei.

Srirangam-Tempel

Das ausgedehnte Gelände (700 mal 900 m) ist eine Tempelstadt, die etwa 4 km von Trichy entfernt liegt und aus dem 14. bis 17. Jh. stammt. Sie ist dem Gott Vishnu (hier Shri Ranganatha genannt) geweiht, zeigt aber in ihrem Bildschmuck viele Gottheiten und Helden. Der höchste Turm über dem Südeingang (73 m) wurde 1987 mit Unesco-Unterstützung in sehr bunter Pracht neu gestaltet. 21 ältere und alte Tempeltürme überragen das Gelände, eine Halle mit 904 Säulen beeindruckt durch ihre Feierlichkeit. Es gibt viel zu sehen, auch wenn einem als Nicht-Hindu das goldgedeckte Allerheiligste verwehrt ist. Zwischen den äußeren Mauerringen wandert man durch Basargassen. Benachbart liegt der Bezirk des Jambukeshvara (Shiva)-Tempels, der ebenso alt, aber kleiner ist.

ESSEN & TRINKEN

Einfache, preisgünstige Restaurants nahe *Bus Stand/Rockin's Road.*

ÜBERNACHTEN

Ashby Hotel

Freundlich, individuell geführt, an viel befahrener Straße. *22 Zi., teils mit AC, 17 A, Rockin's Road, Tel. 0431/246 06 52, Fax 241 32 57, www.ashbyhotel.com, €*

Jenney's Residency

Hübsch eingerichtet mit Rattanmöbeln. Swimmingpool, chinesisches und vegetarisches Restaurant. *84 Zi., 3/14, MacDonald's Road, Tel. 0431/241 44 14, Fax 246 14 51, www.jennysresidency.com, € – €€*

Sangam

Das beste Hotel der Stadt. *60 Zi., Collector's Office Road, Tel. 0431/241 44 80, Fax 241 57 79, www.hotelsangam.com, € – €€*

AUSKUNFT

Tourist Office

1, Williams Road, Tel. 0431/ 246 01 36 (auch am Bahnhof und Flughafen)

Trivandrum

[174 C5] Trivandrum (Thiruvananthapuram, 850 000 Ew.), die Hauptstadt des Bundesstaates Kerala, zeigt neue Architektur und üppiges Parkgrün. Der 260 Jahre alte *Padmanabhaswamy-Tempel* steht nur Hindus offen. Einen Besuch lohnen der farbenfrohe Basar, die kostbaren Bronzesammlungen des *Napier-Museums (Di, Do–So 10–17 Uhr, Mi 13–17 Uhr, Museum Road, beim Zoo)* und das Kalaripayattu-Zentrum *CVN Kalari Sangham (Tel. 0471/247 41 28)* der alten akrobatischen Kampfkunst Keralas. Die nahen Strände locken – wie der berühmte *Kovalam Beach*.

Insider Tipp

ESSEN & TRINKEN

Ashok Veg Restaurant

Indische Küche. *Manjalikulam Road (Ecke Dharmalayam Road), €*

ÜBERNACHTEN

Ambadi Guest House

Familiäre, hilfsbereite Atmosphäre, exzellente südindische Küche. Siddhà-Zentrum (vorayurvedische Heilkunst und Wellness). *12 Zi., Poozhikunnu, Ind. Estate (Stadtrand), Tel. 0471/249 37 12, Fax 249 37 13, www.tourindiakerala.com, €*

The Muthoot Plaza

Modernes Stadthotel mit empfehlenswertem Restaurant. *Punnen Road, Tel. 0471/233 77 33, Fax 233 77 34, www.sarovarparkplaza. com, €€*

Nikki's Nest

Insider Tipp

⚡ 15 Rundhäuser am Hang über dem breitem Strand. Sehr gute Küche, Ayurveda. *Azhimala Shiva Temple Road, Pulimkudi, Chowara, Tel. 0471/226 88 22, Fax 226 71 82, www.nikkisnest.com, € – €€ (angeschlossen: Duke's Forest Lodge in Anappara, am Fluss in den Waldbergen, 8 Bungalows, €€ – €€€).*

Somatheeram

Das Beach Resort besteht aus typischen Kerala-Bungalows und bietet differenzierte Ayurvedabehandlungen an. Viele deutsche Gäste. *46 Zi., Chowara, Tel. 0471/226 65 01, Fax 226 65 05, www.somatheeram.org, € – €€€*

Surya Samudra Beach Garden

⚡ Die Edelbungalows sind in traditioneller Kerala-Bauweise errichtet. Mit Pool und Park, auch Ayurvedabehandlungen. Schöne Hanglage über dem Meer. *15 Zi., Chowara Beach, Tel. 0471/ 226 73 73, Fax 226 71 24, www. suryasamudra.com, €€€*

Trivandrum: herrliche Brandung an der berühmten Kovalam Beach

Tour India Holidays Ltd.
Beste Backwater-Tour-Angebote, auch sonst sehr hilfreich. *163, MG Road, Tel. 0471/233 15 07, Fax 233 14 07, www.tourindiakerala.com*

Tourist Reception Centre (KTDC)
Park View (gegenüber vom Museum), Tel. 0471/232 11 32, Fax 232 22 79, www.keralatourism.org, auch am Flughafen

ZIELE IN DER UMGEBUNG

Kanyakumari   [174 C5]
★ Der Ort, an dem ein Subkontinent endet und nach Süden bis zur Antarktis nur noch der Ozean wogt, hat etwas Faszinierendes. Stätten besonderer Verehrung entstanden in Kanyakumari (Cape Comorin), und die naturgegebene Feierlichkeit ist auch durch enge Bebauung mit Hotels und Gästehäusern sowie starkem Pilgertourismus nicht totzukriegen. Der Tempel der jungfräulichen *(kanya)* Göttin Kumari steht an der Südspitze (für Nichthindus meist kein Zutritt). Empfehlenswert ist die Überfahrt auf kleinen Barkassen zu einer vorgelagerten Felsklippe, auf der der große indische Philosoph und Erneuerer des Hinduismus Swami Vivekananda (1863–1902) eine imposante Gedächtnisstätte erhielt (er hatte dort meditiert). Tempelsäulen wurden über einem Fußabdruck der Göttin Kanya Kumari errichtet. *Ca. 100 km südöstlich*

**Padmanabhapuram-
Palast**   [174 C5]
Der uralte Palast der Travancore-Herrscher ist unbedingt sehenswert wegen seiner an Schnitzwerk reichen Kerala-Architektur sowie malerischen Hallen und Höfen. *Di–So 9–17 Uhr, 65 km südlich*

Urwald und Wüstensand, Götter und Maharajas

Die Touren sind in der Karte auf dem hinteren Umschlag und im Reiseatlas ab Seite 162 grün markiert

1 RAJASTHAN, LAND DER RAJPUTEN, LEOPARDEN UND KAMELE

Diese Drei-Wochen-Rundreise von insgesamt rund 1350 km durch das Wüstenland im Westen Indiens führt von Palast zu Palast, von einem Highlight der Architektur, Kunst und Natur zum nächsten. Die große Rajasthan-Reise ist auch mit Bus und Eisenbahn zu machen, am komfortabelsten aber im klimatisierten Mietwagen mit Fahrer. Anstrengend ist die Tour zu den grandiosen Zeugnissen der Rajputen-Kultur aber selbst im Mittelklassewagen, denn für die Entfernungen von Stadt zu Stadt braucht man viele Stunden, und die Möglichkeiten zur Rast unterwegs sind spärlich. Wer zum Beispiel mangels entsprechender Gelegenheit in

Dschungelexpedition auf dem Elefantenrücken

den Dörfern und Landstädtchen ein diskretes Plätzchen in der Natur sucht, entdeckt unversehens, dass die Wüste lebt. Immer tauchen Holz sammelnde Frauen, Ziegen hütende Hirten oder ein Bauer auf seinem Kamelkarren auf. Mit Nächten in zauberhaft romantischen Heritage-Hotels können Sie sich jedoch für alle Entbehrungen entschädigen, ohne dass es Unsummen kostet.

Sicher werden Sie *Jaipur (S. 66)* nicht verlassen, bevor Sie sich in der Stadt der rosa Mauern umgesehen haben. Auf dem Highway Nr. 8 in Richtung *Pushkar (S. 73)* mit seinem heiligen See durchfährt man Ausläufer der *Wüste Thar (S. 71)* und kann vor Pushkar noch einen Halt in *Ajmer* einlegen, der Halbmillionenstadt mit Heiligtümern der Muslime und der Jains. *Jodhpur (S. 71)* prunkt mit den mittelalterlichen Mauern, den Steinschnitzereien und Goldornamenten seines Höhenforts und mit dem Umaid-Bhawan-Palast. Lust auf noch mehr Wüste? Ein Abstecher nach *Jaisalmer (S. 70)* kostet allerdings mindestens drei Tage. Südlich von Jodhpur wird Rajasthan grüner, es geht zu idyllischen Oasen wie dem Rajputen-Hotelschlösschen *Rohet Garh (Tel. 02932/26 82 31, €€, 40 km)* und bizarren Felsenburgen wie der von *Kumbhalgarh* inmitten eines Wildschutzdschungels. Wer einige Tage dazugibt, reitet mit Rajputen vom Landsitz *Sodawas Kot* (90 km südlich von Jodhpur) über *Bera* nach *Maharani Bagh*. Ein Platz ist schöner als der andere. In Bera können Sie vom Jeep aus womöglich Leoparden sehen und sich vom Grundherrn Devi Singh verwöhnen lassen *(Kontakt: Thakur Sunder Singh, Umaid Bhawan Palace, Jodhpur, Tel. 0291/251 07 41, Fax 251 09 28, www.maharajajodh pur.com).*

Die weißen Jain-Tempel von *Ranakpur (S. 75)* gehören zur kostbarsten Architektur Indiens. Auf der Weiterfahrt nach Udaipur locken Abstecher zum Keramikerdorf *Molela* und zu den Marmorbildhauern von *Pindwara*, die nach jahrhundertealten Vorbildern Götterfiguren meißeln. Der alte Stadtkern von *Udaipur (S. 74)* ist voller Verlockungen zum Einkaufen. Ruhe und Ursprünglichkeit erleben Sie 40 km südöstlich von Udaipur in *Bambora (S. 75)*. Von Udaipur in nordöstlicher Richtung erreichen Sie in etwa drei Stunden die Ruinen auf der Hochfläche von *Chittorgarh (S. 75)*, der mittelalterlichen Residenz der Mewar-Herrscher. Die Rückfahrt nach Jaipur führt in die grünsten Regionen Rajasthans, zu den noch kaum vom Tourismus berührten Maharaja-Städten *Kota* und *Bundi*. Auf halbem Weg von Bundi nach Jaipur kommen Sie in *Tonk* zum »Goldenen Haus«, überreich mit

Stuckvergoldung, Glasintarsien und Malerei geschmückt, und östlich davon bei *Sawai Madhopur* zum fast 400 km^2 großen *Nationalpark Ranthambhore* mit reichem Wildbestand, auch Tigern.

2 HEILIGE STÄTTEN DER HINDUS UND BUDDHISTEN

Varanasi, die Buddha-Stätten südlich und nördlich vom Ganges in den beiden bevölkerungsreichen Staaten Uttar Pradesh und Bihar, Tempelhaine und Bananenplantagen, die Vorberge des Himalayas nahe der Grenze zu Nepal, dazu die von Touristen wenig besuchten Millionenstädte Lucknow und Allahabad, zum Schluss ein Abstecher zum entlegenen Dorf Khajuraho mit seinen berühmten Tempelskulpturen – für diese rund 1300 km (ohne Khajuraho) lange Tour sollten Sie sich drei Wochen Zeit nehmen. Sie können sie per Bus, per Bahn, am besten aber in einem Mietwagen mit Fahrer unternehmen.

Man hat Indien nicht gesehen, wenn man *Varanasi (S. 55)* nicht gesehen hat, das Pilgerziel jedes frommen Hindus und eines jeden an indischer Kultur interessierten Touristen – auch wenn es manchen vor den Verbrennungsstätten unter freiem Himmel schaudert. Nur 12 km nördlich von Varanasi predigte Buddha in *Sarnath (S. 57)*. Auf der großen *Trunk Road*, der Nationalstraße Nr. 2 Richtung Calcutta, erreichen Sie das schon im Bundesstaat Bihar gelegene *Bodhgaya*

Khajuraho: Frauen trocknen Saris vor dem Vishvanatha-Tempel

(S. 95), den Ort von Buddhas Erleuchtung. Auch die benachbarten Stätten von *Rajgir* – u. a. der *Baumpark Venuvana,* in dem Buddha mit seinen Schülern lebte – werden von Buddhisten aus aller Welt besucht. Auf Bihars Hauptstadt Patna zu führt ein Abstecher nach *Nalanda* (S. 96) mit den Ruinen einer der bedeutendsten buddhistischen Universitäten des Mittelalters. Die Palastreste von Kumrahar in *Patna* am Ganges werden dem Maurya-Kaiser Ashoka zugeschrieben, dem großen Förderer des Buddhismus, der über fast ganz Indien herrschte.

Über die 8 km lange Gangesbrücke von Patna, die längste Brücke Indiens, kommen Sie in eine Landschaft tropischer Fülle mit Bananen- und Mangohainen. In *Vaishali,* 50 km nördlich, sind mehrere buddhistische Stupas erhalten, eine Ashoka-Säule mit dem Löwensymbol und ein uraltes Shiva-Lingam mit vier Gesichtern. In Vaishali, so

steht es im uralten Epos Ramayana, habe ein erstes indisches Parlament getagt.

Weiter nordwestlich, schon nahe der nepalesischen Grenze, erreichen Sie *Kushinagar,* wo Buddha ins Nirvana eingegangen sein soll. Der Nirvana-Tempel mit riesiger Statue des liegenden Buddha und die Mukta-Bandhana-Statue sind sehenswert. Wer nicht im teuren *Lotus Nikko Hotel (Tel. 05564/ 27 11 39, €€€)* wohnen will, findet einfachere Unterkünfte im 50 km westlich liegenden *Gorakhpur.*

Auf der Nationalstraße Nr. 28 geht es rund 250 km weiter westlich Richtung Lucknow. Bei *Faizabad* liegt nur 6 km entfernt *Ayodhya,* der Legende nach Geburtsort des Götterhelden Rama und deshalb einer der sieben heiligsten Pilgerorte Indiens. Eine Moschee, die an der überlieferten Stelle der Geburt erbaut worden war, wurde 1992 von radikalen Hindus zer-

stört. Der seither fanatisch vorange-
triebene Plan, an gleicher Stelle
wieder einen Rama-Tempel zu errichten, führte im Frühjahr 2002 zu
Gewalttaten in Uttar Pradesh sowie
in Gujarat. Vor allem bis dahin
friedlich mit Hindu-Nachbarn le-
bende Muslime wurden zu Hunderten getötet. Polizei und Armee
schritten zu spät ein. Vor einer Reise nach Ayodhya sollten Sie die ak-
tuelle Lage erfragen!

Lucknow (S. 49) gehört zu den
wenig besuchten, aber besonders
interessanten Zielen Nordindiens.
Es war Residenz der reichen Nawabs von Oudh (Avadh) und
Schauplatz der *Mutiny*, des Aufstands gegen die britische Kolonialherrschaft.

Südlich von Lucknow kreuzt die
Straße den Ganges und trifft wieder
auf die *Great Trunk Road*, auf der
Sie nach rund 200 km in *Allahabad*
und nach nochmals 135 km wieder
in *Varanasi* landen. Bei Allahabad
strömt der Yamuna-Fluss in den
Ganges, und da beide Flüsse heilig
sind, streben Millionen von Hindus
nach Allahabad zu einem Bad im
Sangam (Zusammenfluss). Zwischen Mitte Januar und Mitte Februar feiern die Pilger die *Magh
Mela* und alle zwölf Jahre die
Kumbh Mela, die als das größte Pil-
gerfest weltweit gilt. Tempel, das
Heim der Nehru-Familie *(Anand
Bhavan)*, das 1970 von Indira
Gandhi dem Staat geschenkt wurde, Gärten und Museen sind zu besichtigen.

Der Tempelpark von *Khajuraho
(S. 45)*, heute wegen der erotischen
Skulpturen ein touristisches Ziel er-
ster Ordnung mit großem Hotelan-
gebot, liegt 285 km von Allahabad
entfernt.

Insider Tipp (on *Kumbh Mela*)

**Muten Sie sich nicht
den ganzen Süden zu,
wählen Sie aus! Als
Ausgangsort bietet sich
Bangalore an, wegen
seiner guten Flug- und
Bahnverbindungen. Mit
dem Bus, der Bahn oder
noch komfortabler mit
einem Mietwagen las-
sen sich auf dieser rund
1400 km langen Route
binnen drei, mit einigen
Verkürzungen auch bin-
nen zwei Wochen besonders schöne Regionen erfahren: mit traum-
haften Stränden und üppig bunten
Tempeltürmen, mit Elefantenpirsch
in Nationalparks und lässigen
Hausboottagen auf den Backwaters, Keralas Kanälen und Lagunen.**

Von *Bangalore (S. 108),* der
Hauptstadt Karnatakas, sind die berühmten Tempelstädte Tamil Nadus
rund 350 km, also eine Tagesfahrt,
entfernt: *Tiruchirapalli (S. 133)* und
die kleinere Schwesterstadt *Tanjore
(S. 132)*, zu denen *Madurai
(S. 124)* die südliche Spitze eines
lang gestreckten Dreiecks setzt. Die
neun mit bunten Figuren übersäten
Gopurams, die Terrassentürme des
Shri-Meenakshi-Tempels von Madurai, sind der wohl spektakulärste
Kontrast zur Rationalität westlicher
Architektur. Alle drei Städte bieten
große Basare, gute und hervorragende Hotels.

Wer von Madurai direkt nach
Kerala fährt, kommt mit einem klei-
nen Abstecher von der Straße Ma-
durai-Quilon *(Kollam)* zum *Periyar
Tiger Reserve*, einem der schönsten
Nationalparks *(S. 127)* Südindiens.

Reich an Wäldern und üppiger Blütenpracht ist auch die Hügellandschaft auf dem Weg zur Malabarküste und zu Keralas Hauptstadt *Trivandrum (S. 134)*. Rund 850 km lang erstreckt sich die Malabarküste mit ihren Lagunen und Haffen, mit Kokospalmwäldern und Reisfeldern von Kanyakumari bis Goa, im Hinterland von den Höhen der Westghats begleitet. Wenige Kilometer von Trivandrum entfernt liegt der beliebteste Badeort Keralas *Kovalam (S. 134)*.

Für lange Strecken an der Malabarküste können Sie auf den Wagen verzichten und in eines der komfortablen Hausboote auf den *Backwaters (S. 112)* umsteigen, die Wohn- und Schlafkomfort einschließlich Dusche und Moskitonetz bieten. Mit einem guten Führer an Bord erfährt man bei Landgängen manches über den dörflichen Alltag. Später können Sie mit einem Mietwagen die Weiterreise

antreten. Die interessanteste Hafenstadt ist *Cochin (S. 112)* mit portugiesischen, holländischen und jüdischen Reminiszenzen. Das Kontrasterlebnis zur städtischen Kultur wartet auf dem Rückweg nach Karnataka abseits der Straße Calicut-Mysore: das *Green Magic Nature Resort*, mit Wohnungen hoch in den Baumkronen des Hügellands *(Auskunft Tour India, Trivandrum, S. 135)*. Hier kommen Sie über eine Hängebrücke oder in einem Bambusfahrstuhl ohne Motorkraft in Ihr Apartment! In *Mysore (S. 128)* und im 16 km entfernten *Srirangapatnam (S. 131)* können Sie südindische Palastkultur erleben und viele Zeugnisse des Widerstands gegen den britischen Kolonialismus finden. Schöne Waldlandschaften um den Cauvery-Fluss und der *Bandipur-Nationalpark* verlocken zu einem längeren Aufenthalt in und um Mysore. Zurück nach Bangalore sind es etwa 150 km.

Insider Tipp

Abendstimmung über den Backwaters von Kerala

Kamelreiten, Trekking, Yoga

In der Hitzeperiode vor dem Monsun und während der schwülen Regenzeit vermeidet man allerdings besser unnötige körperliche Bewegung

Wegen der geografischen und klimatischen Besonderheiten spielt der Sport in Indien eine andere Rolle als in der westlichen Welt. Einer aufstrebenden oberen Mittelschicht ist er sozusagen Statussymbol. Es gilt als schick zu joggen, auch wenn die gesunde Umgebung dafür fehlt.

Beliebt in ganz Indien ist Kricket. Menschen, die nicht im Bannkreis der britischen Kultur aufgewachsen sind, werden allerdings die Begeisterung für dieses Ballspiel kaum teilen können. Nationale Meisterschaften werden mit Leidenschaft verfolgt, auch wenn das Spiel nicht vier bis sechs Stunden, sondern drei Tage dauert.

Interessanter für Indien-Urlauber ist da schon der Besuch eines Poloturniers. Im Gegensatz zum Kricket, das von England nach Indien kam, wurde *Polo* als hockeyähnliches Reiterspiel in Indien und Persien erfunden und gelangte von dort nach Europa. Ein Sport der wohlhabenden Schichten, denn man braucht besonders gute, leistungsstarke Pferde dazu. Das Spiel

Eine Trekking-Tour sollte man keinesfalls allein unternehmen

besteht aus sechs Abschnitten mit je sieben Minuten Dauer, ist höchst spannend und hat ästhetisch schöne Augenblicke. Spiele finden vor allem in Delhi und Jodphur statt.

KAMELREITEN

Spezielles Vergnügen in der *Wüste Thar.* Angeboten werden mehrtägige Ausflüge mit Besuch von Wüstendörfern, Übernachtungen im Zelt, Verpflegung und Lagerfeuer. Gegen die brennende Sonne tagsüber sind eine Kopfbedeckung und ein Hemd, das Schultern und Oberarme schützt, sowie Sonnencreme unerlässlich. Von September bis April wegen der sehr kalten Nächte Wintersachen und Decken mitnehmen. Ausgangsorte *Jaisalmer (Aravali Safari, nahe Patwon-ki Gali, Tel. 02992/25 26 32, Fax 25 19 12)* und *Bikaner (Rajasthan Safaris and Treks, Tel. 051/254 37 38, auch Organisation von Jeeptouren in die Wüste).* Auch die staatlichen Tourist Offices vermitteln Kamelritte.

Insider Tipp

RAFTING

Bei diesen aufregenden Schlauchbootpartien auf den wilden Bergflüssen in den Tälern des Himalaya wird man mit Sicherheit pudelnass! Gute Rafting-Unternehmen haben Schwimmwesten und Helme für die Teilnehmer. Oft hohe Schwierigkeitsgrade, über die lokale Anbieter am besten Bescheid wissen.

Zu empfehlen ist das Rafting auf dem jungen *Ganges* in *Rishikesh (Himalayan River Runners, nur März–Mai und Sept.–Okt., www. hrr.india.com)*. In Sikkim wird Rafting auf den Gebirgsflüssen *Teesta* und *Ranjit* angeboten. Anfängern ist die landschaftlich schöne Rafting-Strecke bei Pemayantse (2 Stunden) zu empfehlen. Auskunft in *Gangtok, Sikkim Tourism Development Corporation. M. G. Marg, Gangtok-737101, Tel. 03592/22 34 25, www.sikkiminfo.net.*

REITERSAFARIS

Reiter können vor allem in *Rajasthan* auf Safari gehen, zum Beispiel in *Nawalgarh* in der Region Shekawati, angeboten vom *Roop Nivas Palace (Tel. 015954/241 52, Fax 233 88)*. Auch das *Rohet Garh Heritage Hotel (Tel. 02936/26 82 31, www.rohetgarh.com)*, 50 km südlich von *Jodhpur*, bietet Reitersafaris an.

TREKKING

Besonders in den Himalaya-Staaten Himachal Pradesh, Uttaranchal, West Bengal Himalayas und Sikkim wird das organisierte Trekking und Wandern immer populärer. Beste Zeit ist im Herbst, doch auch April/Mai wird empfohlen. In großen Höhen ist unbedingt eine Eingewöhnungszeit nötig! Meist fehlt die Infrastruktur für Trekking auf eigene Faust (z. B. Wegweiser), daher wird vom Wandern ohne Guide sehr abgeraten. Man kann in den Dörfern am Startpunkt des Treks Träger für das Gepäck *(Porter)* anheuern, die auch Zelte aufstellen und Feuer zum Kochen machen. Auskunft und Rat geben lokale Tourist Offices der zahlreichen Bergorte *(hill stations)* und folgende hilfreiche Organisationen: *Garhwal Mandal Vikas Nigam, Lakshman Jhula Road, Rishikesh, Tel. 01364/243 17 93, Fax 243 03 72; Himalayan Mountaineering Institute (HMI), Darjeeling, im Gelände des Zoological Park, Tel. 0354/225 40 87, www.exploredarjeeling. com/hmidarj.htm; Nainital Mountaineering Club, Tel. 05942/23 50 51.*

WASSERSPORT

Gelegenheiten zum Schwimmen gibt es an den fast zahllosen Stränden, allerdings sind die Gewässer nicht überall sicher. Besonders an der Ostküste wird bei *Puri* vor gefährlichen Strömungen gewarnt. Aber auch im Süden, an mehreren Stränden Keralas und Tamil Nadus, treten starke Unterströmungen auf. Also unbedingt die örtlichen Warnungen am Strand beachten.

Tauchen ist besonders beliebt in einigen Buchten in *Goa* (Vainguinim und Bogmalo) und wegen der unverdorbenen, kristallklaren Gewässer um die *Lakkadiven* (Bangaram) und *Andamanen-Inseln* (Havelock Island und Marine National Park). Für verlässliche Tauchkurse wendet man sich an *PADI Europe, Oberwilerstr. 3, Ch-8442, Hettlingen, Schweiz, Tel. 0041-52-304 14 14, Fax 304 14 99, www. padi.com.*

Entspannt Körper und Geist: eine Yogastunde unter freiem Himmel

In Kerala, Goa und an anderen Stränden gibt es während der Saison auch Gelegenheiten, mit örtlichen Fischern aufs Meer hinauszufahren.

YOGA

Yoga (Anspannung) ist mehr als körperliches Training, ist ein Weg zur geistigen Konzentration und seelischen Befreiung, letztlich zur völligen Beherrschung des Körpers und der Organe, die dem Willen normalerweise entzogen sind.

Aus der buddhistischen Tradition und anderen altindischen Überlieferungen wird ein achtfacher Heilsweg empfohlen. Dazu zählen fünf praktische Stufen 1. Zügelung *(yama)*, 2. Reinheit *(miyama)*, 3. Körperhaltung *(asana)*, 4. Atemregelung *(pranayama)*, 5. Abwendung der Sinne von den Objekten *(pratyahara)* und als »königlicher Yoga« 6. Konzentration *(dharana)*, 7. Meditation *(dhayana)* und 8. Versenkung *(samadhi)*.

Wie bei jeder Gesundheits- und Weisheitslehre hängt für den Erfolg des Schülers auf dem Weg zu solchen Zielen viel von der Wahl des richtigen Lehrers ab. Es gilt, sich Zeit zu nehmen und zu suchen.

Viele Ashrams, Yogazentren und auch Hotels in großen und kleineren Städten bieten überall in Indien Kurse an, die Tage, Wochen oder Monate andauern. Wer im Yoga eher Training und Kräftigung für den eingerosteten Körper sucht, wird sich vielleicht auf die anspruchsvollen Übungen des Hatha-Yoga einlassen.

Eine besondere Adresse für Yoga und Meditation ist in *Rishikesh (S. 51)*. Dort findet jedes Jahr Anfang Februar eine Internationale Yogawoche mit Yogakursen unter freiem Himmel statt. In Rishikesh vermitteln viele Hotels aber auch das ganze Jahr über Yogaunterricht.

Kinder sind gern gesehen

In einem exotischen Reiseland wie Indien sind Eltern besonders gefordert

Lange Fahrten von Ort zu Ort, ausgedehnte Stadtspaziergänge und Besichtigungen – das mögen Kinder nicht, und in Indien bekommt es ihnen schon gar nicht. Das Klima – Hitze, mancherorts auch krasse Temperaturunterschiede –, der Staub und ungewohnte Bakterien können Infektionen bei kleinen Kindern auslösen. Wenn Eltern aber zumeist in einem relativ komfortablen Standquartier bleiben, etwa am Meer, kann der Urlaub auch für die Kleinen angenehm sein. *Kerala,* ebenso *Orissa* und natürlich das sehr touristische *Goa* haben dafür gut geeignete Plätze anzubieten, die auch nicht zu weit von einem Flughafen entfernt sind. Noch sind Hotels mit Kinderbetreuung und Kinderclubs selten. Zu empfehlen sind beispielsweise die Hotels der *Casino-Group* in Kerala: großzügig angelegt, naturnah und mit sinnvollem Komfort.

Zu beachten in jedem Fall: Impfungen gegen Tetanus, Diphtherie, Polio und auch asiatische Hirnhautentzündung sind wichtig. Die konsequente Anwendung von Moskito-Repellents und das Tragen von langen Hosen und langärmligen Hemden frühmorgens und abends bei und nach Sonnenuntergang ist sehr ratsam. Kopf und Körper müssen vor Sonnenstrahlen unbedingt geschützt werden. Kinder müssen sehr viel trinken, doch Wasser nur aus originalverschlossenen Flaschen. Auch persönliche Hygiene ist wichtig, das Händewaschen vor jeder Nahrungsaufnahme (Tuch mit Desinfizierflüssigkeit mitnehmen)!

In einem fremden Land sollten sich Eltern besonders viel mit den Kindern beschäftigen: ihnen Dinge erklären, gemeinsam mit ihnen Entdeckungen und Beobachtungen machen, auf Seltsames, Neuartiges hinweisen.

Indien erlebt jedes Jahr erheblichen Bevölkerungszuwachs. Scharen von Schulkindern sind morgens in ihren Schuluniformen auf den Straßen unterwegs, zu Fuß, in Rikschas und Bussen. Sie sehen froh und gesund aus, meist kümmern sich die Eltern sorgsam um ihre Kinder. Das Elend der Straßenbettelei und Kinderarbeit (meist verbunden mit dem Abbruch der Schulbildung) betrifft nur einen kleineren Teil der Familien, aber dieses Elend ist einer der dunklen Flecken Indiens. Hilfe tut not.

Früh übt sich: Es gibt viele Arten, einen Turban zu schlingen

Angesagt!

**Was Sie wissen sollten über Trends,
die Szene und Kuriositäten in Indien**

Indi-Pop und Filmmusik

In 15 Jahren 50 Filme zu drehen ist nicht ungewöhnlich für einen Bollywood-Star. Doch nicht alle stehen so hoch oben in der Publikumsgunst – insbesondere bei den Inderinnen – wie Shahrukh Khan. Im März 2006 kam seine CD *The King Khan Vol. 2* heraus. Das deutschsprachige Booklet bietet Bio- und Filmografie sowie Hindusong-Übersetzungen.

Kricket

Indien jubelt und leidet mit: Anlässlich von großen Kricket-spielen gibt der Staat seinen Angestellten frei. Die Spiele werden von Fernseh- und Radiosendern übertragen. Kinder sieht man an jeder Straßenecke trainieren.

Nabelfrei

Das kurze Top, das bei Frauen den Nabel frei lässt, ist in Indien nicht neu, wohl aber in Verbindung mit hautengen Jeans und Spaghetti-trägern, wie sie in den Großstädten modern sind. Alternative: das *salwar kameez* mit einem knie-langen Kleid über langen Hosen, die weit oder schmal und eng anliegend geschnitten sind – aus Seide oder Baumwolle.

Coffee Pubs im Teeland

Vor allem in Südindien, Bangalore und Madras sind sie der Hit: kleine Coffeeshops, in denen schwarzer, brauner oder Eiskaffee serviert wird – dazu die neuesten Hits. In den Qwiky Coffee Pubs kann man beim Kaffeetrinken gleich eine dort erstandene Glückwünschkarte schreiben.

Termin beim Astrologen oder Palmisten

Ob Ehepartner oder der richtige Geschäftstermin: Um sich ja richtig zu entscheiden, ist für die meisten Inder der Rat von Stern-deutern oder Handlinienkundigen unentbehrlich. Jedem Neugebore-nen wird minutengenau ein Horoskop erstellt.

Hennaschmuck

Ornamente in rötlicher Farbe auf Händen und Füßen zieren die Braut, sie sind Teil des traditio-nellen Hochzeitsschmucks. Doch inzwischen schmücken sich Frauen nicht nur an Festtagen mit hennaroten, sondern auch mit blauen und grünen, silbernen und goldenen Verzierungen.

Von Anreise bis Zoll

Hier finden Sie kurz gefasst die wichtigsten Adressen und Informationen für Ihre Indienreise

ANREISE

Flugzeug

Direktflüge von Europa landen in Bombay oder Delhi, die Flugzeit beträgt etwa 7 $\frac{1}{2}$ Stunden. Gelegentlich fliegen Chartermaschinen auch Goa an. Günstige Angebote liegen zwischen 500 und 600 Euro in der Hochsaison im Winter. Ein Linienflug mit der Möglichkeit des Umbuchens ist jedoch normalerweise um einige hundert Euro teurer. Wichtig für den Rückflug: Vergessen Sie nicht 72 Stunden vor dem Start die *reconfirmation* Ihres Tickets!

AUSKUNFT

Indisches Fremdenverkehrsamt

Basler Str. 48, 60329 Frankfurt, Tel. 069/242 94 90, Fax 24 29 49 77, www.india-tourism.com

BAHN

Sehr nützlich ist das Heft »Trains at a Glance« (an Zeitungskiosken am Bahnhof). Fragen ist die wichtigste Reisevoraussetzung, denn es gibt verschiedene Schalter für die 1., 2. und 3. Zugklasse, meist auch extra einen für Touristen sowie speziell für Frauen *(Ladies Ticket Office)*. Bevor man eine Platzreservierung erhält *(im Reservation Office)*, muss man ein Ticket gekauft haben. Auch wenn angeblich alles ausgebucht ist, kann fragen nicht schaden: Vielleicht ist noch ein Platz der VIP-Quote zu haben oder einer der Touristenquote (am Touristenschalter, wenn vorhanden). Reservieren ist sehr wichtig und für viele Fernzüge obligatorisch.

Der *Indrail Pass* erleichtert die Reservierungen, bietet aber preislich meist keinen großen Vorteil. Er ist in US-Dollar zu bezahlen und kann auch in Europa gekauft werden (Auskunft bei den Reisebüros).

BANKEN & KREDITKARTEN

Die Rupie ist zur begrenzt konvertierbaren Währung geworden, darf aber weder ein- noch ausgeführt werden. Daher sind Devisen unerlässlich. US-Dollar und Euro werden vielerorts bevorzugt. Beträge im Wert von mehr als 10 000 Dollar müssen bei der Einreise deklariert werden (wegen Rücktausch). Nehmen Sie genug Geld oder Kreditkarten (Visa, American Express) mit. Die *Andhra-Bank* oder die *Bank of Baroda* wechseln Geld per Kreditkarte. Wechseln in großen Hotels geht schneller als in Banken. Akzeptieren Sie keine angerissenen Scheine. Geldautomaten sind außer in Delhi unüblich.

BUSSE

Sie fegen buchstäblich über die Landstraßen, alles weicht ihnen panisch aus – und die dicht gedrängten Fahrgäste fliegen bei jedem Schlagloch an die Decke. Dazu spielt die Musik – volles Rohr!

DIPLOMATISCHE VERTRETUNGEN

Indische Botschaft in Deutschland, Konsularabteilung

Tiergartenstr. 17, 10785 Berlin, Tel. 030/25 79 56 11, Fax 25 79 56 20, www.indischebotschaft.de

Indische Botschaft in Österreich

Kärntnerring 2, A-1015 Wien, Tel. 01/505 86 66-0, Fax 505 92 19

Indische Botschaft in der Schweiz

Kirchenfeldstr. 23, CH-3005 Bern, Tel. 031/351 11 10, Fax 351 15 57

Deutsche Botschaft in Indien

P. O. Box 613, No. 6/50b Shantipath, Chanakyapuri, New Delhi 110021, Tel. 011/26 87 18 31, Fax 26 87 31 17

Österreichische Botschaft in Indien

Chandergupt Marg, Chanakyapuri, New Delhi 110021, Tel. 011/26 88 68 34, Fax 26 88 69 29

Schweizer Botschaft in Indien

Nyaya Marg, Chanakyapuri, New Delhi 110021, Tel. 011/26 87 83 72, Fax 26 87 06 52

EIN- & AUSREISE

Außer einem mindestens noch sechs Monate gültigen Reisepass braucht man ein Touristenvisum. Touristenvisa gelten 6 Monate und können bei der Botschaft oder dem nach Wohnort zuständigen Konsulat beantragt werden. Konsulate gibt es in München *(Tel. 089/21 02 39 40)*, Frankfurt/Main *(Tel. 069/153 00 50)* und Hamburg *(Tel. 040/33 80 36)*. Neben zwei Passfotos benötigen Sie noch ein Visaformular, das bei *www.india-tourism.com* heruntergeladen werden kann.

EINTRITTSPREISE

Eintrittspreise für Museen und archäologischen Stätten sind für ausländische Besuche den internationalen – d. h. für Inder unbezahlbaren – Standards angeglichen worden. Sie werden an den Monumenten in Dollar erhoben und betragen meist zwischen 2 und 10 Dollar, in Ausnahmefällen (Taj Mahal!) auch deutlich mehr. In diesem Band werden nur Eintrittspreise genannt, die mehr als 5 Dollar betragen.

GESUNDHEIT

In den ersten Tagen ist Vorsicht angebracht: Essen und Trinken nur in guten, sauberen Restaurants (gekochte Speisen, Tee und abgefüllte Markengetränke), Mineralwasser nur aus originalverschlossenen Flaschen. Putzen Sie auch Ihre Zähne mit Mineralwasser, und lassen Sie das so genannte gefilterte Wasser der Hotels und Restaurants lieber ungenutzt. Trinken Sie viel, mehr als Sie Durst haben! Der Wasserverlust muss in heißer Umgebung ersetzt werden. Gegen den Mineralverlust ist salzige Nahrung zu empfehlen. Gründliche persönliche Hygiene (Händewaschen) ist wichtig.

Nach ca. 10 Tagen können Sie etwas großzügiger sein, dann sind auch geschältes Obst und Gemüse verträglich.

Empfohlen werden Impfungen gegen Hepatitis A und B, Typhus, ggf. gegen Cholera und gegen die asiatische Hirnhautentzündung (Japanenzephalitis). Impfschutz gegen Polio und Tetanus sollte ebenfalls bestehen. Vorbeugung gegen Malaria ist dringend anzuraten, wenn Sie in heiße und feuchte Gebiete reisen. Da reichen Moskitonetz und insektenabweisende Einreibung (Repellent) nicht aus.

Gute Kopfbedeckungen gegen Sonnenbrand und Sonnenstich sind sehr wichtig. Nehmen Sie Verbandszeug, Mittel zur Desinfektion kleiner Wunden, gegen Insektenstiche und Sonnenbrand mit und einfache Schmerz- und Erkältungsmittel sowie Mittel gegen Magen-Darm-Störungen. Auch eine steril verpackte Einwegspritze sollte man vorsichtshalber mitnehmen. Die besseren Hotels nennen Arzt-Adressen, auch wenn man nicht dort wohnt. Es gibt in Indien gute Ärzte, meist mit englischen Sprachkenntnissen. Privatkliniken sind oft besser ausgerüstet als öffentliche Krankenhäuser. Auslandskrankenversicherung ist ein Muss!

€	INR	INR	€
1	57,16	1	0,02
2	114,32	5	0,09
5	285,80	10	0,17
15	857,39	25	0,44
30	1714.78	50	0,87
50	2857,97	125	2,19
75	4286,95	300	5,25
100	5715,94	750	13,12
125	7144,92	900	15,75

xushotels, manche sind deutlich einfacher ausgestattet und preisgünstig. Das Angebot an modernen Mittelklassehotels wächst, z. B. mit den Trident-Hotels der Oberoi-Gruppe und im Süden mit den cghearth-Hotels (früher Casino). Billighotels, in denen man für umgerechnet wenige Euro ein Zimmer oder einen Platz im *dormitory* (Schlafsaal) bekommt, sollte man vorm Buchen in Augenschein nehmen. Empfehlenswerter sind oft die Privatquartiere für *paying guests* (vor allem in Rajasthan, Vermittlung in den Tourist Offices).

HOTELS & UNTERKÜNFTE

Zu den Hotelpreisen kommen je nach Bundesstaat unterschiedlich hohe Steuern. Ungezählte Maharajas haben ihre Schlösser und Forts in Hotels verwandelt, und etliche verbinden internationalen Komfort mit dem Ambiente von Tausendundeiner Nacht. Diese *Heritage-Hotels* sind jedoch keineswegs alle Lu-

INLANDFLÜGE

Neben *Indian Airlines* fliegen private Linien, voran *Jet-Airways,* den Betrieb auf innerindischen Strecken. Fluggerät wie in Europa. Buchungen am besten Tage vorher, *reconfirmation* vor Rückflügen. »Discover India Ticket« für 21 Tage, »India Wonderfares«. Verspätungen sind viel seltener geworden.

INTERNET

www.tourindia.com Site der Zentralregierung mit Links zu den Tourismusdirektionen

www.timesofindia.com, *www.the-hindu.com* Tageszeitungen
www.india-today.com Site des führenden Politmagazins
www.indianvisit.com Touristisches

INTERNETCAFÉS

Internet- und Cybercenter gibt es zahlreiche. Sie sind sehr preiswert, aber die Rechner oft langsam, die Kabinen winzig, Stromausfälle häufig. Alternative: große Hotels oder Reiseagenturen.

KLEIDUNG

Bestens ausgerüstet sind Sie mit leichter, nicht zu eng geschnittener Kleidung aus Baumwolle oder aus modernen Kunststofffasern. Wegen der Klimaanlagen und in kühleren Regionen (in den Wintermonaten) brauchen Sie zudem Pullover.

KLIMA & REISEZEIT

Nur Südindien hat tropisches Klima, Nordindien liegt im subtropischen Bereich, der Himalaya hat alpines Klima, wie bei uns zu Hause – nur heißer im Sommer und schneereicher im Winter. Im Westen (Rajasthan) ist es schon im April mittags glühend heiß, doch nachts sehr kalt. Der Monsun beginnt im Juni mit heftigem Regen in Südindien, rückt Woche um Woche langsam nach Norden. Im Oktober wird es trocken und kühler, und im Himalaya setzt frostiger Winter ein. Auf dem Subkontinent ist von Oktober bis März die beste Reisezeit.

LITERATUR

Außer den Romanen von Salman Rushdie (»Mitternachtskinder«, »Des Mohren letzter Seufzer«) und

www.marcopolo.de

Im Internet auf Reisen gehen

Mit über 10 000 Tipps zu den beliebtesten Reisezielen ist MARCO POLO auch im Internet vertreten. Sie wollen nach Paris, auf die Kanaren oder ins australische Outback? Per Mausklick erfahren Sie unter www.marcopolo.de Wissenswertes über Ihr Reiseziel. Zusätzlich zu den Informationen aus den Reiseführern bieten wir Ihnen online:

- das *Reise Journal* mit aktuellen News, Artikeln, Reportagen
- den *Reise Service* mit Routenplaner, Währungsrechner und Compact Guides
- den *Reise Markt* mit Angeboten unserer Partner rund um das Thema Urlaub

Es lohnt sich vorbeizuschauen: Wöchentlich aktualisiert, gibt es immer wieder Neues zu entdecken. Bleiben Sie auf dem Laufenden mit unserem E-Mail-Newsletter, den Sie kostenlos abonnieren können!

den Indien-Büchern von Nobel-preisträger V. S. Naipaul sind zu empfehlen: Arundhati Roy, »Der Gott der kleinen Dinge« (Familien-geschichte aus Kerala), Vikram Seth, »Eine gute Partie«, (Saga von vier Familien im Indien der 50er-Jahre), Shashi Tharoor, »Der Große Roman Indiens« (indische Geschichte in witziger Roman- und Sagaform). Indien zwischen Tradition und Hightech beschreiben Martin Kämpchen und Martin Fritz in »Krishna, Rikscha, Internet«. Das Standardwerk für Kultur, Politik und Wirtschaft ist »Indien. Ein Handbuch« (Hg. D. Rothermund). Zu zwei Bildbänden schrieben die Autoren dieses Führers die Texte: »Indien global« (Fotos J. Scheibner) und »Zeit für Indien« (Fotos Olaf Krüger).

Was kostet wie viel?

Banane
ab 2 Cent
in Südindien

Tee
ab 20 Cent
für ein Glas

Bier
1,40 – 2 Euro
für eine Flasche (0,7 l)

Kino
30 – 60 Cent
für eine Karte

Taxi
70 Cent – 1,10 Euro
3 km per Dreirad-Taxi

Bahnfahrt
9,50 Euro
Delhi–Bangalore
im Liegewagen

MIETWAGEN

Es ist üblich, Mietwagen mit Fahrern zu nehmen, weil der Verkehr fast jeden Touristen überfordert. Verlässliche indische Agenturen bieten gute Leistung zu sehr günstigen Preisen, auf dem Lande bereits ab etwa 15 Euro, in den Großstädten ab etwa 50 Euro pro Tag und 200 km, alles inklusive. Vergewissern Sie sich, dass Ihr Fahrer Englisch spricht, und lassen Sie sich vor Ort eine zuverlässige Agentur empfehlen! Weitere Angebote für Autovermietungen finden Sie unter *www.marcopolo.de.*

ÖFFNUNGSZEITEN

Tempel, Museen, Geschäfte und Büros werden zwischen 8 und 10 Uhr geöffnet. Die Mittagsruhe dauert zwischen 12 und 13 Uhr bis 16 oder 17 Uhr. Museen, die nach-mittags öffnen, können Sie schon ab 13 oder 14 Uhr und bis 16 oder 17 Uhr besuchen. Tempel haben meist bis Sonnenuntergang, Läden oft bis 20 Uhr oder länger offen. Einige Restaurants öffnen gegen Mittag und schließen nachmittags für einige Stunden. Viele sind aber von morgens bis in die Nacht geöffnet.

POST

Öffnungszeiten: Mo–Fr 10–17, Sa 10–13 Uhr; Hauptpostämter oft rund um die Uhr. Post nach Europa ist ca. eine Woche (von Großstädten) bis einige Monate unterwegs.

TAXI

Normal ist neben dem Pkw-Taxi die dreirädrige Autoriksha, auch Three-wheeler genannt. Wenn kein Taxa-meter läuft, sollten Sie den Preis vor Fahrtbeginn aushandeln.

Telefonieren, auch ins Ausland, können Sie am besten von den privaten Telefonagenturen aus, die es in Städten und größeren Dörfern gibt (PCO-STD-ISD). Telefonnummern ändern sich wegen des größer werdenden Netzes ständig. *Vorwahl* von Indien nach Deutschland: 0049, nach Österreich 0043, Schweiz 0041. *Vorwahl* von Deutschland nach Indien: 0091. Handys funktionieren im Prinzip, dank konkurrierender Netze fielen die Gebühren.

Viele Angestellte sind auf Lohnaufbesserung durch Trinkgelder angewiesen: für einfache Dienste z. B. umgerechnet einen halben Euro.

Im Winter ist es 4,5 Stunden später als in Deutschland, während der europäischen Sommerzeit sind es nur 3,5 Stunden.

Bei der Einreise sind alle persönlichen Gegenstände zollfrei, für Personen über 17 Jahre außerdem 200 Zigaretten (oder 250 g Tabak), dazu eine angemessene Menge Parfüm und 2 l Alkohol über 22 Prozent. Waren bis zum Wert von etwa 250 Euro dürfen eingeführt werden. Keine Ausfuhr von Gegenständen, die älter als 100 Jahre sind! Nach Deutschland dürfen Sie einführen: Waren im Wert von 175 Euro, 500 g Kaffee, 50 g Parfüm, 200 Zigaretten und 1 l Spirituosen.

Wetter in Bombay

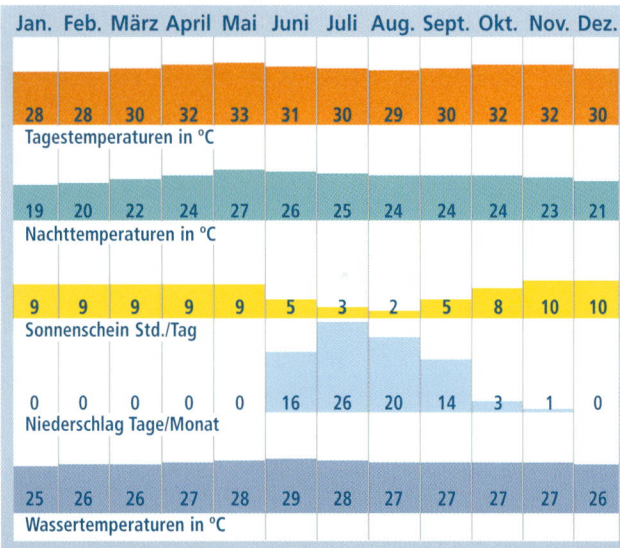

	Jan.	Feb.	März	April	Mai	Juni	Juli	Aug.	Sept.	Okt.	Nov.	Dez.
Tagestemperaturen in °C	28	28	30	32	33	31	30	29	30	32	32	30
Nachttemperaturen in °C	19	20	22	24	27	26	25	24	24	24	23	21
Sonnenschein Std./Tag	9	9	9	9	9	5	3	2	5	8	10	10
Niederschlag Tage/Monat	0	0	0	0	0	16	26	20	14	3	1	0
Wassertemperaturen in °C	25	26	26	27	28	29	28	27	27	27	27	26

Do you speak English?

»Sprichst du Englisch?«
Dieser Sprachführer hilft Ihnen, die wichtigsten
Wörter und Sätze auf Englisch zu sagen

Zur Erleichterung der Aussprache sind alle englischen Wörter mit einer einfachen Aussprache (in eckigen Klammern) versehen.
Folgende Zeichen sind Sonderzeichen:
ə   nur angedeutetes »e« wie in bitte
θ   [s] gesprochen mit der Zungenspitze zwischen den Zähnen
'   die nachfolgende Silbe wird betont. Bei einer Hauptbetonung steht das Zeichen oben vor der Silbe, bei einer Nebenbetonung unten.

AUF EINEN BLICK

Ja./Nein.	Yes. [jäs]/No. [nəu]
Vielleicht.	Perhaps. [pə'häps]/Maybe. ['mäibih]
Bitte./Danke.	Please. [plihs]/Thank you. ['θänkju]
Vielen Dank!	Thank you very much. ['θänkju 'wäri 'matsch]
Gern geschehen.	You're welcome. [joh 'wälkəm]
Entschuldigung!	I'm sorry! [aim 'sori]
Wie bitte?	Pardon? ['pahdn]
Ich verstehe Sie/dich nicht.	I don't understand. [ai dəunt andə'ständ]
Ich spreche nur wenig …	I only speak a bit of … [ai 'əunli spihk ə'bit əw]
Können Sie mir bitte helfen?	Can you help me, please? ['kən ju 'hälp mi plihs]
Ich möchte …	I'd like … [aid'laik]
Das gefällt mir (nicht).	I (don't) like it. [ai (dəunt) laik it]
Haben Sie …?	Have you got …? ['həw ju got]
Wie viel kostet es?	How much is it? ['hau'matsch is it]
Wie viel Uhr ist es?	What time is it? [wot 'taim is it]

KENNENLERNEN

Guten Morgen!	Good morning! [gud 'mohning]
Guten Tag!	Good afternoon! [gud ahftə'nuhn]
Guten Abend!	Good evening! [gud 'ihwning]
Mein Name ist …	My name is … [mai näims …]

Wie ist Ihr/dein Name?	What's your name? [wots joh 'näim]
Wie geht es Ihnen/dir?	How are you? [hau 'ah ju]
Danke. Und Ihnen/dir?	Fine thanks. And you? ['fain θänks, ən 'ju]
Es freut mich, Sie kennen zu lernen.	Pleased to meet you. ['plihsd tə 'miht ju]
Auf Wiedersehen!	Goodbye!/Bye-bye! [gud'bai/bai'bai]

UNTERWEGS

Auskunft

links/rechts/geradeaus	left [läft]/right [rait]/straight on [sträit 'on]
Bitte, wo ist …?	Excuse me, where's …, please? [iks'kjuhs 'mih 'weəs … plihs]
Hafen/Flughafen	harbour ['ha:ba(r)]/airport ['eəpoht]
Bahnhof	station ['stäischn]
Wann fährt der nächste Zug nach …?	When's the next train to …? ['wäns θə 'näkst träin tu]
Wie weit ist das?	How far is it? ['hau 'fahr is it]
Ich möchte ein Auto mieten.	I'd like to hire a car. [aid'laik tə 'haiə ə 'kah]
Wo ist die nächste Tankstelle?	Where's the nearest petrol station? ['weəs θə 'niərist 'pätrəlstäischn]

Hindi

Für alle Fälle: Begriffe in der wichtigsten Landessprache

Viele der folgenden Wörter sind typisch für den Sprachgebrauch von Hindus und können Muslimen gegenüber unpassend wirken.

Ja./Nein.	Dschi haa./Dschi nahi.	जी हाँ / जी नहीं
Ja. (gut, ich verstehe)	atschaa.	अच्छा.
Bitte./Danke.	Krpaja./Danjevaad.	कृपया. / धन्यवाद.
Entschuldigung!	Mudsche keed hä!	मुझे खेद है!
Guten Tag!/Guten Abend!	Namastee!	नमस्ते!
Auf Wiedersehen!	Namastee!	नमस्ते!
Ich heiße …	Mera namm … hä.	मेरा नाम … है.
Ich komme aus …	Mä …	में…
… Deutschland.	… dscharmani …	…जर्मनी…
… Österreich./Schweiz.	… ostria … /switserland se hu.	…ऑस्ट्रिया / स्विट्ज़रलन्द…
Wie viel kostet es?	Ye kitne paisse hä?	ये कितने पैस हैं?
Bitte, wo ist…?	Dschi, kaha … hä?	जी, कहाँ … है?

1	ek	१ (एक)	5	pantsch	५ (पाँच)	9	no	८ (नौ)
2	do	२ (दो)	6	tschä	६ (छह)	10	das	१० (दस)
3	tin	३ (तीन)	7	ssaath	७ (सात)	20	bis	२० (बीस)
4	tschar	४ (चार)	8	aath	८ (आठ)	100	ssoh	१०० (सौ)

Panne

Ich habe eine Panne.
My car's broken down.
[mai 'kahs 'brəukn 'daun]

Der Wagen springt nicht an.
The car won't start. [θə 'kah wəunt 'staht]

Können Sie mal nachsehen?
Could you have a look?
['kud_ju 'häw_ə 'luk]

Die Batterie ist leer.
The battery is flat. [θə 'bätəri is flät]

Gibt es hier in der Nähe eine Werkstatt?
Is there a garage nearby?
['is θeə_ə 'gärahdsch 'niərbai]

Unfall

Hilfe!
Help! [hälp]

Achtung!
Attention! [ə'tänschn]

Rufen Sie bitte einen Krankenwagen.
Please call an ambulance.
['plihs 'kohl ən 'ämbjuləns]

Haben Sie Verbandszeug?
Have you got a first-aid kit?
[həw ju got ə_'föhst'äid kit]

Geben Sie mir bitte Ihren Namen und Ihre Anschrift.
Please give me your name and address!
[plihs giw mi joh 'näim ənd ə'dräs]

ESSEN/UNTERHALTUNG

Wo gibt es hier …
Is there … here? ['is θeər … 'hiə]

… ein gutes Restaurant?
… a good restaurant …[ə 'gud 'rästərohng]

… ein typisches Restaurant?
… a restaurant with local specialities …
[ə 'rästərohng wiθ 'ləukl ,späschi'älitis]

Reservieren Sie uns bitte für heute Abend einen Tisch für drei Personen.
Would you reserve us a table for three for this evening, please? ['wud ju ri'söhw əs ə 'täibl fə 'θrih fə θis 'ihwning plihs]

Was können Sie mir empfehlen?
What can you recommend?
['wot kən_ju ,räkə'mänd]

Bezahlen, bitte.
Could I have the bill, please?
['kud ai häw θə 'bil plihs]

Wo sind bitte die Toiletten?
Where are the restrooms, please?
['weərə θə restrums plihs]

EINKAUFEN

Wo finde ich …?
Where can I find …? ['weə 'kən_ai 'faind]

Apotheke
chemist's ['kämists]

Lebensmittelgeschäft
food store ['fuhd stoh]

Markt
market ['mahkit]

ÜBERNACHTUNG

Können Sie mir bitte ein Hotel empfehlen?
Can you recommend a hotel, please?
[kən ju ,räkə'mänd ə həu'täl plihs]

Ich habe bei Ihnen ein Zimmer reserviert.	I've reserved a room. [aiw ri'söhwd‿ə 'ruhm]
Haben Sie noch ...	Have you got ... [həw ju got]
... ein Doppelzimmer	... a double room [ə 'dabl ruhm]
... mit Dusche/Bad?	... with a shower/bath? [wiθ ə 'schauə/'bahθ]
... für eine Nacht?	... for one night? [fə 'wan 'nait]
Kann ich das Zimmer ansehen?	Can I see the room? [kən ai 'sih θə 'ruhm]
Was kostet das Zimmer mit Frühstück?	How much is the room with breakfast? ['hau 'matsch is θə ruhm wiθ 'bräkfəst]

PRAKTISCHE INFORMATIONEN

Können Sie mir einen guten Arzt empfehlen?	Can you recommend a good doctor? [kən ju ˌräkə'mänd ə gud 'doktə]
Ich habe hier Schmerzen.	I've got a pain here. [aiw got ə 'päin 'hiə]
Wo ist hier bitte ...	Where's the nearest ... ['weəs θə 'niərist]
... eine Bank?	... bank? [bänk]
... eine Wechselstube?	... exchange-office? [iks'tschäinsch ofis]
Ich möchte ... Euro (Schweizer Franken) wechseln.	I'd like to change ... Euro (Swiss francs). [aid laik tə tschäinsch juərəu ('swis 'fränks)]
Was kostet ein Brief .../ eine Postkarte ...	How much does a letter .../postcard ... ['hau 'matsch das‿ə 'lätə/'pəustkahd]
... nach Deutschland?	... to Germany cost? [tə 'dschöhməni kost]
Briefmarke	stamp [stämp]

ZAHLEN

0	zero, nought [siərəu, noht]		18	eighteen [ˌäi'tihn]
1	one [wan]		19	nineteen [ˌnain'tihn]
2	two [tuh]		20	twenty ['twänti]
3	three [θrih]		21	twenty-one [ˌtwänti'wan]
4	four [foh]		30	thirty ['θöhti]
5	five [faiw]		40	forty ['fohti]
6	six [siks]		50	fifty ['fifti]
7	seven ['säwn]		60	sixty ['siksti]
8	eight [äit]		70	seventy ['säwnti]
9	nine [nain]		80	eighty ['äiti]
10	ten [tän]		90	ninety ['nainti]
11	eleven [i'läwn]		100	a (one) hundred [ə ('wan) 'handrəd]
12	twelve [twälw]			
13	thirteen [ˌθöh'tihn]		1000	a (one) thousand ['ə ('wan) 'θausənd]
14	fourteen [ˌfoh'tihn]			
15	fifteen [ˌfif'tihn]		1/2	a half [ə 'hahf]
16	sixteen [ˌsiks'tihn]		1/4	a (one) quarter [ə ('wan) 'kwohtə]
17	seventeen [ˌsäwn'tihn]			

Reiseatlas Indien

Die Seiteneinteilung für den Reiseatlas finden Sie auf dem hinteren Umschlag dieses Reiseführers

Mit freundlicher Unterstützung von

kein urlaub ohne

holiday autos

www.holidayautos.com

über den daten-
highway zu mehr
spaß auf allen
anderen straßen:

kein urlaub ohne

holiday
autos

FREUEN SIE
SICH ÜBER
15 EURO
MIETWAGEN-
RABATT!

15 euro rabatt
sichern! sms
mit **HOLIDAY**
an **83111***
(49 cent/sms)

so einfach geht´s:
senden sie das wort **HOLIDAY** per sms an die nummer **83111*** (49 cent/sms)
und wir schicken ihnen ihren rabatt-code per sms zurück. mit diesem code
erhalten sie 15 euro preisnachlass auf ihre nächste mietwagenbuchung! einzu-
lösen ganz einfach in reisebüros, unter der hotline 0180 5 17 91 91 (12 cent/min)
oder unter www.holidayautos.de (mindestalter des mietwagenbuchers: in der
regel 21 jahre). der code ist gültig für buchung und mietbeginn bis 31.12.2010
für eine mindestmietdauer von 5 tagen. der rabattcode kann pro mobilfunk-
nummer nur einmal angefordert werden. dieses angebot ist gültig für alle ziel-
gebiete aus dem programm von holiday autos nach verfügbarkeit.

*vodafone-kunden: 12 cent vodafone-leistung + 37 cent zusatzentgelt des anbieters.
teilnahme nur mit deutscher sim-karte möglich.

Autobahn, mehrspurige Straße - in Bau Highway, multilane divided road - under construction	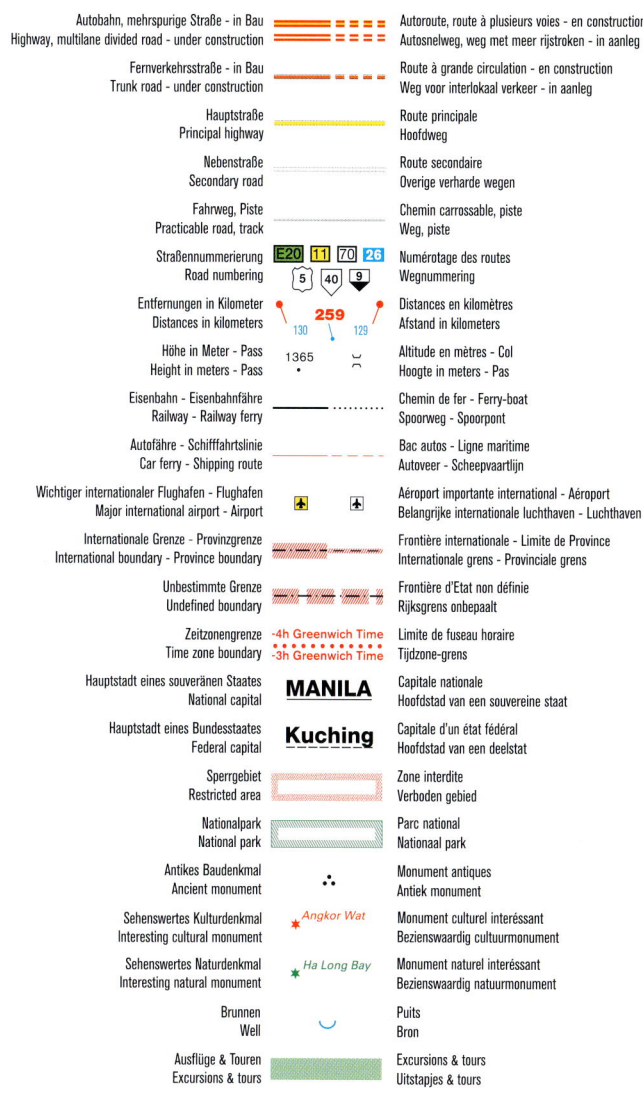	Autoroute, route à plusieurs voies - en construction Autosnelweg, weg met meer rijstroken - in aanleg
Fernverkehrsstraße - in Bau Trunk road - under construction		Route à grande circulation - en construction Weg voor interlokaal verkeer - in aanleg
Hauptstraße Principal highway		Route principale Hoofdweg
Nebenstraße Secondary road		Route secondaire Overige verharde wegen
Fahrweg, Piste Practicable road, track		Chemin carrossable, piste Weg, piste
Straßennummerierung Road numbering	E20 11 70 26 5 40 9	Numérotage des routes Wegnummering
Entfernungen in Kilometer Distances in kilometers	130 **259** 129	Distances en kilomètres Afstand in kilometers
Höhe in Meter - Pass Height in meters - Pass	1365	Altitude en mètres - Col Hoogte in meters - Pas
Eisenbahn - Eisenbahnfähre Railway - Railway ferry		Chemin de fer - Ferry-boat Spoorweg - Spoorpont
Autofähre - Schifffahrtslinie Car ferry - Shipping route		Bac autos - Ligne maritime Autoveer - Scheepvaartlijn
Wichtiger internationaler Flughafen - Flughafen Major international airport - Airport	✈ ✈	Aéroport importante international - Aéroport Belangrijke internationale luchthaven - Luchthaven
Internationale Grenze - Provinzgrenze International boundary - Province boundary		Frontière internationale - Limite de Province Internationale grens - Provinciale grens
Unbestimmte Grenze Undefined boundary		Frontière d'Etat non définie Rijksgrens onbepaalt
Zeitzonengrenze Time zone boundary	-4h Greenwich Time -3h Greenwich Time	Limite de fuseau horaire Tijdzone-grens
Hauptstadt eines souveränen Staates National capital	**MANILA**	Capitale nationale Hoofdstad van een souvereine staat
Hauptstadt eines Bundesstaates Federal capital	<u>**Kuching**</u>	Capitale d'un état fédéral Hoofdstad van een deelstat
Sperrgebiet Restricted area		Zone interdite Verboden gebied
Nationalpark National park		Parc national Nationaal park
Antikes Baudenkmal Ancient monument	∴	Monument antiques Antiek monument
Sehenswertes Kulturdenkmal Interesting cultural monument	✱ *Angkor Wat*	Monument culturel interéssant Bezienswaardig cultuurmonument
Sehenswertes Naturdenkmal Interesting natural monument	✱ *Ha Long Bay*	Monument naturel interéssant Bezienswaardig natuurmonument
Brunnen Well		Puits Bron
Ausflüge & Touren Excursions & tours		Excursions & tours Uitstapjes & tours

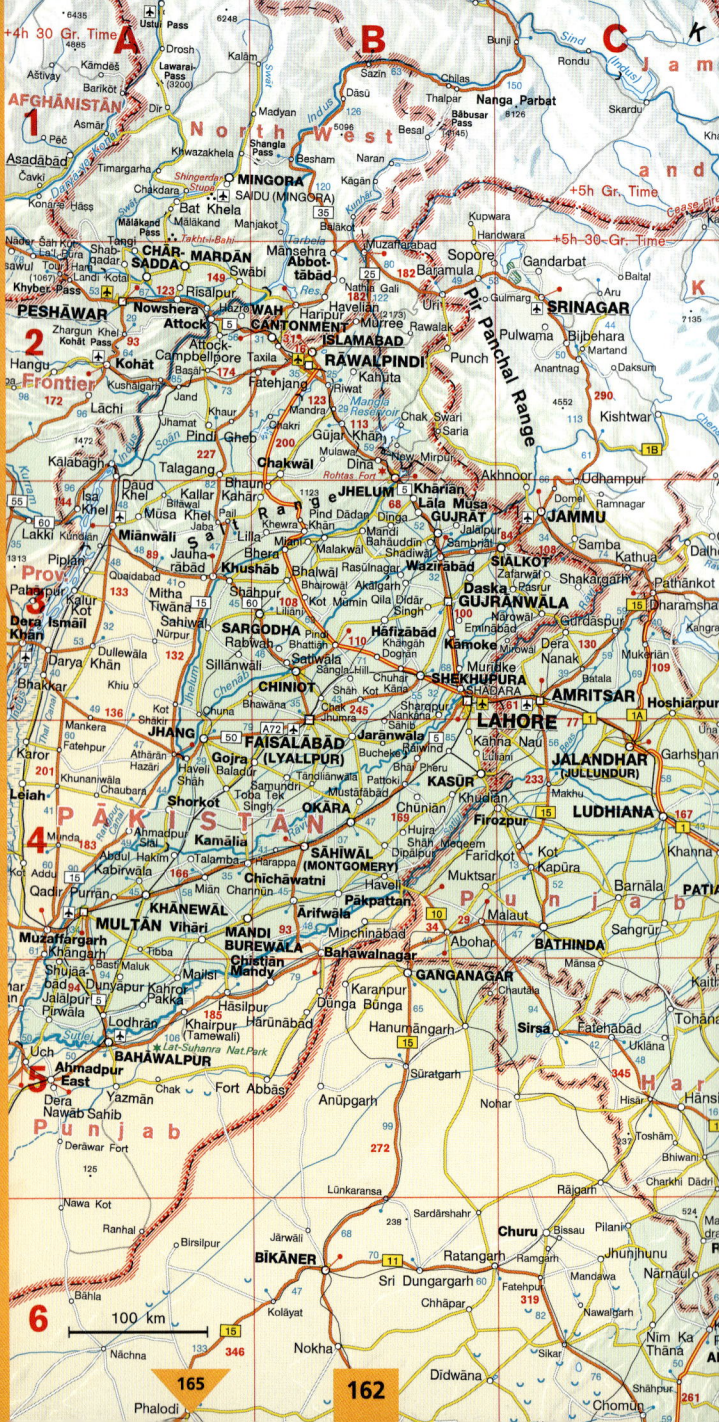

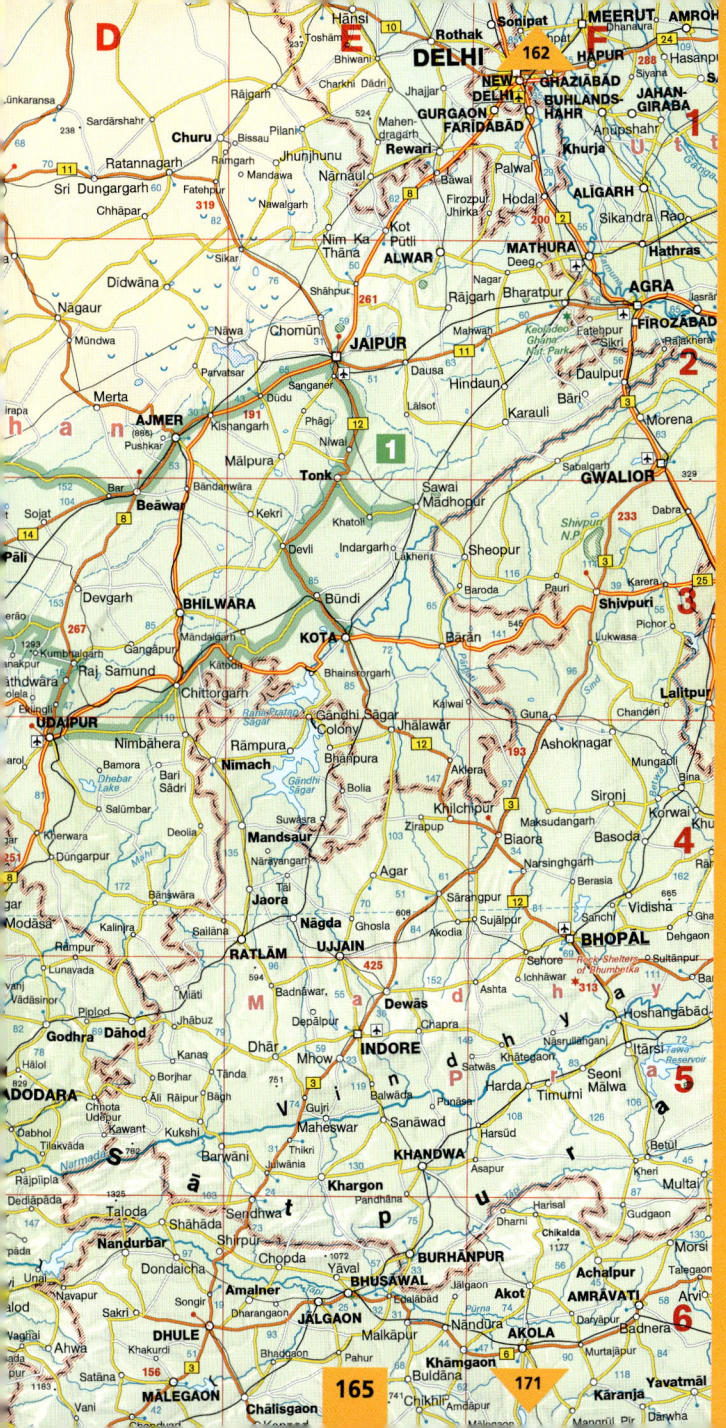

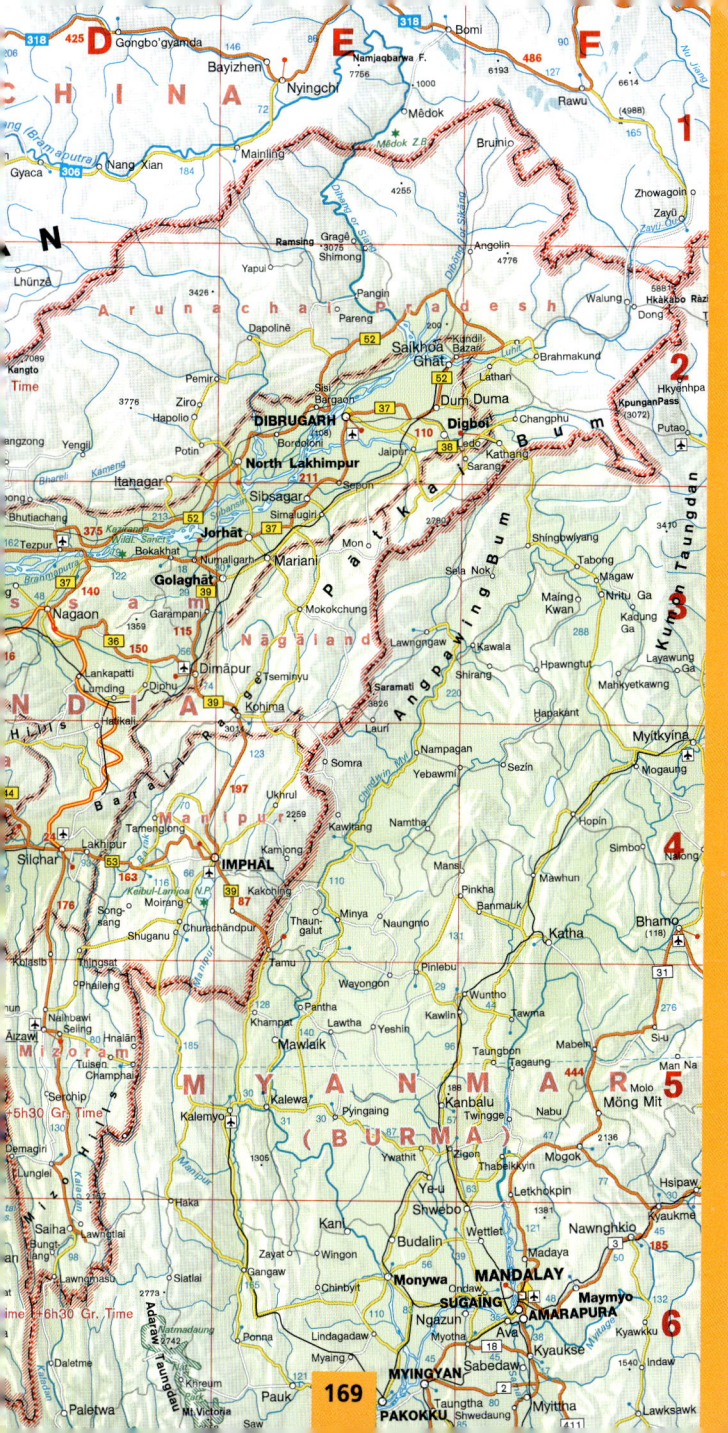

SAMBALPUR · Chandarpur · *Mahanadi* · 58 · 1165 · Udala · Baleshwar
Saraipali · 640 · **Deogarh** · Barakot · 24 · 52 · Kendujhargarh · **167** · F · Chandipur
115 · Jamunkira · 31 · Pal Lahara · 124 · **5** 248
Bargarh · 68 · 45 · 84 · 82 · 88 · 187 · Anandpur · Soro
Padampur · Sohela · 60 · Sarapali · 23 · a · Jajapur · **Bhadrakh**
asha · **Balangir** · Rampur · **157** · **42** · Talcher · 14 · Bhuban · Road · Jajapur · Chandbali
Sonapur · 68 · Anugul · *Brahmani* · **Mahanadi**
92 · 48 · 77 · 85 · 32 · **Chowduar** · Kendrapara
102 · **Khondmal Hills** · 1136 · Athgarh · 122 · **CUTTACK** · 81 · **5A** · False Point
Titlagarh · Baliguda · Dashapalla · **BHUBANESHWAR** · Paradwip
hawanipatna · Junagarh · 117 · Kalinga · 97 · Khordha · Pipli · *Delta* · Machgaon
1515 · 142 · Bhanjanagar · 949 · **5** · 57 · Konaraka
handi · 1138 · Ashika · Banapur · Chilka · **PURI**
Rayagada · Bissamcuttack · Mohana · 40 · 200
114 · 177 · **397**
origumma · Gunupur · **Chhatrapur**
Koraput · Parvatipuram · 1190 · **Mahendra Giri** · **BRAHMAPUR**
Similigurhe · Parlakimidi · Sompeta
270 · Bobbili · Palkonda · **5** · Tekkali · 2000
207 · 67 · **Ramabhadrapuram**
Kanda · 1880 · 48 · Narasannapeta
Srungavarapukota · **43** · 74 · **Srikakulam**
Paderu · **VIZIANAGARAM** · Chittivalasa
Chodavaram · Bhimunipatnam
kapalle · 31 · **VISHAKHAPATNAM**
5 · 52
232

B   a   y

o   f

B   e   n   g   a   l

2780

100 km

173

MARCO POLO

Für Ihre nächste Reise gibt es folgende Titel:

Deutschland Allgäu · Amrum/Föhr · Bayerischer Wald · Berlin · Bodensee · Chiemgau/Berchtesgadener Land · Dresden/Sächsische Schweiz · Düsseldorf · Eifel · Erzgebirge/Vogtland · Franken Frankfurt · Hamburg · Harz · Heidelberg · Köln · Lausitz/Spreewald/Zittauer Gebirge · Leipzig · Lüneburger Heide/Wendland · Mark Brandenburg · Mecklenburgische Seenplatte · Mosel · München · Nordseeküste Schleswig-Holstein · Oberbayern · Ostfriesische Inseln · Ostfriesland Nordseeküste Niedersachsen · Ostseeküste Mecklenburg-Vorpommern · Ostseeküste Schleswig-Holstein · Pfalz · Potsdam Rheingau/Wiesbaden · Rügen/Hiddensee/Stralsund · Ruhrgebiet · Schwäbische Alb · Schwarzwald Stuttgart · Sylt · Thüringen · Usedom · Weimar **Österreich/Schweiz** Berner Oberland/Bern Kärnten · Österreich · Salzburger Land · Schweiz · Tessin · Tirol · Wien · Zürich **Frankreich** Bretagne Burgund · Côte d'Azur · Disneyland Paris · Elsass · Frankreich · Französische Atlantikküste · Korsika Languedoc-Roussillon · Loire-Tal · Normandie · Paris · Provence **Italien/Malta** Apulien · Capri Dolomiten · Elba/Toskanischer Archipel · Emilia-Romagna · Florenz · Gardasee · Golf von Neapel · Ischia Italien · Italienische Adria · Italien Nord · Italien Süd · Kalabrien · Ligurien · Mailand/Lombardei · Malta Oberitalienische Seen · Piemont/Turin · Rom · Sardinien · Sizilien/Liparische Inseln · Südtirol · Toskana Umbrien · Venedig · Venetien/Friaul **Spanien/Portugal** Algarve · Andalusien · Barcelona Costa Blanca · Costa Brava · Costa del Sol/Granada · Fuerteventura · Gran Canaria · Ibiza/Formentera Jakobsweg/Spanien · La Gomera/El Hierro · Lanzarote · La Palma · Lissabon · Madeira · Madrid · Mallorca Menorca · Portugal · Spanien · Teneriffa **Nordeuropa** Bornholm · Dänemark · Finnland · Island Kopenhagen · Norwegen · Schweden · Südschweden/Stockholm **Westeuropa/Benelux** Amsterdam · Brüssel · England · Flandern · Irland · Kanalinseln · London · Luxemburg · Niederlande Niederländische Küste · Schottland · Südengland **Osteuropa** Baltikum · Budapest · Estland Kaliningrader Gebiet · Lettland · Litauen/Kurische Nehrung · Masurische Seen · Moskau · Plattensee Polen · Polnische Ostseeküste/Danzig · Prag · Riesengebirge · Rumänien · Russland · Slowakei St. Petersburg · Tschechien · Ungarn **Südosteuropa** Bulgarien · Bulgarische Schwarzmeerküste · Kroatische Küste/Dalmatien · Kroatische Küste/Istrien/Kvarner · Montenegro · Slowenien **Griechenland/Türkei** Athen · Chalkidiki · Griechenland Festland · Griechische Inseln/Ägäis Istanbul · Korfu · Kos · Kreta · Peloponnes · Rhodos · Samos · Santorin · Türkei · Türkische Südküste Türkische Westküste · Zakinthos · Zypern **Nordamerika** Alaska · Chicago und die Großen Seen Florida · Hawaii · Kalifornien · Kanada · Kanada Ost · Kanada West · Las Vegas · Los Angeles · New York San Francisco · USA · USA Neuengland/Long Island · USA Ost · USA Südstaaten · USA Südwest · USA West · Washington D.C. **Mittel- und Südamerika** Argentinien · Brasilien · Chile · Costa Rica · Dominikanische Republik · Jamaika · Karibik/Große Antillen · Karibik/Kleine Antillen · Kuba Mexiko · Peru/Bolivien · Venezuela · Yucatán **Afrika/Vorderer Orient** Ägypten · Djerba/Südtunesien · Dubai/Vereinigte Arabische Emirate · Israel · Jemen · Jerusalem · Jordanien · Kapstadt/Wine Lands/Garden-Route · Kenia · Marokko · Namibia · Qatar/Bahrain/Kuwait · Rotes Meer/Sinai Südafrika · Syrien · Tunesien **Asien** Bali/Lombok · Bangkok · China · Hongkong/Macau · Indien Japan · Ko Samui/Ko Phangan · Malaysia · Nepal · Peking · Philippinen · Phuket · Rajasthan · Shanghai · Singapur · Sri Lanka · Thailand · Tokio · Vietnam **Indischer Ozean/Pazifik** Australien · Malediven · Mauritius · Neuseeland · Seychellen · Südsee

Cityguides Berlin für Berliner · Frankfurt für Frankfurter · Hamburg für Hamburger · München für Münchner · Stuttgart für Stuttgarter **Sprachführer** Arabisch · Englisch · Französisch · Griechisch · Italienisch · Kroatisch · Niederländisch · Norwegisch · Polnisch · Portugiesisch · Russisch Schwedisch · Spanisch · Tschechisch · Türkisch · Ungarisch

In diesem Register sind alle in diesem Führer erwähnten Orte, Ausflugsziele und Bundesstaaten sowie einige wichtige Namen und Begriffe verzeichnet. Halbfette Seitenzahlen verweisen auf den Haupteintrag, kursive auf ein Foto.